智萃™

PMADE 经验萃取与敏捷课程开发操作指南

张连全 著

图书在版编目（CIP）数据

智萃™-PMADE 经验萃取与敏捷课程开发操作指南/张连全著.—北京：经济管理出版社，2020.1

ISBN 978-7-5096-7011-8

Ⅰ.①智… Ⅱ.①张… Ⅲ.①企业管理—知识管理—指南 Ⅳ.①F272.4-62

中国版本图书馆 CIP 数据核字（2020）第 017241 号

组稿编辑：杨国强
责任编辑：杨国强　张瑞军
责任印制：黄章平
责任校对：董杉册

出版发行：经济管理出版社
（北京市海淀区北蜂窝 8 号中雅大厦 A 座 11 层　100038）
网　　址：www.E-mp.com.cn
电　　话：（010）51915602
印　　刷：三河市延风印装有限公司
经　　销：新华书店
开　　本：720mm×1000mm/16
印　　张：11.75
字　　数：168 千字
版　　次：2020 年 6 月第 1 版　2020 年 6 月第 1 次印刷
书　　号：ISBN 978-7-5096-7011-8
定　　价：48.00 元

·版权所有　翻印必究·

凡购本社图书，如有印装错误，由本社读者服务部负责调换。
联系地址：北京阜外月坛北小街 2 号
电话：（010）68022974　邮编：100836

序

张连全老师在本书成稿的第一时间把书稿发给我，这份信任对我来说是沉甸甸的。在我的职业生涯中有三个角色与学习发展紧密相关：

第一个角色，企业的人力资源总监兼人才发展的负责人。一直面临如何为企业培养人才特别是快速高效地复制与培养人才这一问题，解决这一问题常用的方式有三：一是师父带徒弟，这是中国最传统也是最行之有效的办法，但这种方法的周期太长，企业等不及！在某种程度上还受师父限制。二是制定培训发展项目，大多数用授课的方式，存在的问题也显而易见，外来的讲师不了解企业实际，授课内容往往针对性不强；内训师因个人经验不足，内部公信力与认可度不高，也导致课程效果不佳。三是轮岗，轮岗是企业内部常用的人才培养与发展的方式，但其风险和成本较高。本书的经验萃取模型——PMADE 让我们在快速培养人才方面有更多的可能性。

第二个角色，培训师。经常陷入以自我为中心或者以内容为中心，没有以学员为中心。我们知道，再好的内容，学员没有吸收、不会操作、不会应用，其培训效果也等于零。如何将"烧脑"的课程转化为"简单"的课程，本书从课题设计、课程结构设计、开场……到结束都有详尽的阐释和示范。

第三个角色，学员。期待每一次课程都能给自己带来颠覆式体验，且高效地掌握课程知识并能学以致用。我们知道，一个课程一般会出现以下几种情况：一是老师没讲清楚，学员也没听明白；二是老师讲清楚了，学员没听明白；三是老师讲清楚了，学员也听明白了，但还不会运用；四是老师讲清楚了，学员也会应用了。本书各种工具、模型能让你有效解决讲不清楚、说不明白及掌握不了的问题。

对于我个人而言，本书"内容更简洁、结构更清晰、教学更高效"。如果您是培训师，如果您是培训管理者，如果您是课程设计与经验萃取的爱好者，或者如果您需要更高效的汇报与表达，我强烈推荐此书。

赖凌云

原广东格兰仕集团全球人力资源总监，

广东聘途人力资源服务有限公司创始人

自序一

企业最大的浪费是经验的浪费,其实,对个人而言也是如此。经验是过去工作行为的成果总结和复盘,善于总结和复盘经验会让你技术娴熟,解决问题毫不费力。

《庄子·养生主》中讲过一则厨师庖丁宰牛剔骨的故事。魏惠王听说宫中有位叫庖丁的厨师,有一手宰牛剔骨的绝活。看他工作简直是艺术享受。魏惠王将信将疑,他决定亲眼去看看。

庖丁在宰牛时手脚并用,连膝盖和肩膀都参与工作,每个动作都显得那么娴熟而干净利落。只见他手起刀落,在筋骨相连的部位,将刀轻轻划过,立刻骨肉分离,全然不像其他大多数厨师那样费力。

魏惠王万万没有想到,世间竟会有人将这样一件事情做得如此出神入化。不禁赞叹不已。

魏惠王用敬佩的语气问:你的手艺太高超了,是怎么练出来的呢?

庖丁说:以我目前的手艺,我完全可以不用眼睛看也能把这个活干好,因为我对牛的身体各部分结构都太熟了。

魏惠王:你的刀比别人更锋利吧?

庖丁说：刀确实很锋利，但问题并不在此。其他厨师的刀也很锋利，但他们经常刀刃碰到骨头上，因此，不得不更换新刀。即使是有经验的老厨工每年也都必须更换新刀，而我这把刀用了十几年了，仍然像新磨的一样。其实，骨肉相连处看起来很窄，像是插不进去刀子，可我的刀刃更窄，插进骨缝，还绰绰有余。只要看准缝隙下手，根本用不了那么大力气就能把骨头剔出来了。

可见，经验可以创造一切，也可以成就自己，完善自己。

历史上，曾国藩是一位善于总结经验和反思自我的标志性人物。论聪明才智，他和当时很多读书人差不多。而且，21岁之前考了5次秀才都名落孙山。后来混迹官场，但当时清朝末年官场浑浊的风气，让他感觉喘不过气来。曾十分看不起大部分同僚。

后来，曾国藩到任长沙后，针对土匪等危害社会秩序的势力给予了严厉打击，设立了审案局，这样一来，就惹恼了通省文官。以致在长沙官场得罪了很多人，在后期练兵的时候，差点被绿营兵砍杀，而这个时候，湖南官场大小官员都在看笑话，就连湖南巡抚骆秉章都装聋作哑。这让曾国藩感受到莫大的羞辱。这次事件影响了曾国藩。复出后，他充分实践了自己总结的"柔弱胜刚强"的处世准则，一连几天，曾国藩坐着绿呢大轿，拜访长沙各衙门官员，连小小的知县，他也亲自造访。

当然，经验总结不是成功或伟大人物的独创，我们每个职场人都可以通过经验的萃取和总结，使自己成长和提升。

在职场上，经验是衡量一个人价值的重要指标之一。有经验的员工在企业内受领导器重、同事尊重，经验是他们核心的竞争力，也是打造自己职场价值必需的要素。

A公司从国外进口了一台先进的设备，有一天，这台机器出现了故障，没法正常生产了，就请公司的一位老工程师回来修理，老工程师在机器某个部位画了个圈说就是这里坏了，然后公司把机器修好了。但老工程师要10万元的维修费，公司老板说："不就是画一个圈吗？能值10万元？"老工程师说："画圈就价值1元，但知道在那里画这个圈就值10万元。"

可见，有经验的员工就是企业的财富。而且，企业的使命是想办法留住这些有经验的员工，这些员工一旦离开其实是巨大损失。

企业内部经验的传承，特别是绩优经验的传承和推广对提高公司运营效率，提升企业竞争力至关重要。因为未来拼的就是企业知识力。未来，经验和知识管理是企业取胜的法宝。

企业越大，绩优的人越多，但绩优的经验往往没有开发出来，人才的流失代表着经验的流失。如果能把这些绩优者的经验萃取出来，做到一人能，人人能的局面，萃取精华，提炼最佳实践，那么企业就能沉淀很多经典的做法，进而为公司发展提供智力支持。

对个人来说，绩优的员工把自己好的做法沉淀，形成固有的经验，是成长和进步的一个捷径，也是最好的学习途径。

所以，企业如果能培养一批既能做到自我经验萃取，同时又是开发团队经验和组织经验的培训师，那么企业的知识管理和沉淀就会越来越丰富。

经验沉淀的呈现方式有很多，其中，课程是重要的形式之一。课程通常由培训师开设，他们基于自己的研究经验和专业知识，仅开发并进行讲授式的教学。但随着教学理论的发展，课程显著的特征是，很大程度上已从专家讲授转向了互动式。这样的课程会关注学习的目的、预期学习的结果、知识获得及技能应用的环境特性，同时关注与课程和环境相关的学习者的学习特征。所以，有效的课程需要细致、系统地分析和描述各种交织在一起的、影响成功学习的因素，需要整体的评价和对整个课程创造过程进行提炼。

基于PMADE课程的开发技术简单、清楚地介绍了关于课程设计的核心流程，以及关于问题场景分析、方法策略呈现、逻辑构建、教学设计、要件开发等环节，课程开发思路清晰简单。

本着为企业、为提升培训师竞争力的宗旨，本书由此产生。图文并茂，连接智慧，荟萃分享是本书的核心理念。通过本书的学习，读者可学会如何萃取个人经验、如何萃取团队及组织经验，同时掌握经验萃取成果的可读性技能。

本书的内容主要是笔者的经验萃取和在培训师培养项目中提炼出来的工作方法及心得。在萃取经验的时候，我们要像一个工匠，不但要把经验从专家身上提炼出来，还要用自己的形式去展示这些经验，形成经验的可视化。同时，要学会萃取自身经验的方法，把自身经验沉淀和转化，为自己的职业生涯发展储存能量。

现将本书各章内容介绍如下：

第一章，主要从成人学习的特点出发，引导出培训师授课的公式，进而创造性地提出课程设计与开发的有效模型，特别是面对内训师所开发课程的特点：短、小、精。同时，考虑内训师大都是兼职的，所以，要提倡敏捷思维。本章展示了PMADE敏捷课程开发的全景图。

第二章，重点介绍课程开发的需求分析与课题的精准，通过本章的学习，培训师们能快速把握课程开发的方向，同时能为课题起个响亮的名称，做到"一名惊人"。

第三章，从最佳实践经验萃取入手。好的内训课程一定是最佳实践经验的完美呈现，培训师必须为内容负责，提供"干货"是培训师的责任与担当。本章提供了经验萃取的模型和方法。

第四章，重点介绍课程框架的开发。好的课程一定要有层次感和结构感。

而且，要保持传授内容的传承和延续。所以，课程不能是经验等结果性的内容，还必须给出产生结果背后的原理。所以，本章会重点介绍课程开发的模型，让课程更加完整和完善。

第五章，课程开发系统思考的环节。课程大纲具有承上启下的作用，同时为课程开发指明目标和方向。

第六章，好课程离不开好的视觉化。所以，课程课件的设计是培训师必备的技能，本章从课程课件制作的思路和美化技巧方面入手，快速教会培训师制作课程课件。

第七章，重点关注教学形式的设计。好的教学策略能产生好的教育效果！内容和形式对培训师来说都很重要。

第八章，课程的核心资料（课件）完成后，给教学配套的课程包完善是培训师成熟的表现。包括培训师手册、学员手册、测试题、案例集等，重点介绍案例的编写。案例学习是一个较佳的解决方案。应用案例学习的方法，能够显示真正意义上的课程定制化设计或自主开发，让培训真正地响应业务需求。案例学习的方法是完全借助真实案例的形式，抛出一个个来源与实际工作的、高度情景化的问题，引导学员灵活运用已有的知识技能，提出针对这些问题的解决方案，实践性地提升工作能力。如果案例来自于真实工作场景，那么学员在工作中遇到案例中的情景就越有可能，所以，案例学习和应用就显得极为重要。

第九章，课程完成后的说课与修订阶段。好课程，好设计，同时加上好说课，那么就会有好的课堂呈现。所以，课程课件成果出来后，培训师要养成说课的习惯，这样能让课程内容和形式更加有效、成熟。

满园春色关不住，一枝红杏出墙来，预知春色如何，请入园欣赏。

本书最大的意义在于聚焦笔者十几年授课与课程研发的经验，把经验萃取的思路、逻辑、模型和工具公之于众，让更多的企业受惠。通过阅读本书，希望帮助企业培训师们节省工作时间，得到事半功倍的效果。

  阅读是奇妙的，也是美好的。在这里感谢一直支持我，鼓励我的朋友和家人。同时感谢许许多多给我意见的学员，有你们的支持和反馈，本书会更加有意义和价值。

张连全
2019 年 11 月 11 日于广州

自序二

如果不想被时代淘汰,我们就需要去感受时代脉搏,并及时调整自己,增强自己的"速度",快速适应环境。

一只狼吃饱了,安逸地躺在草地上睡觉。另一只狼气喘吁吁地从它身边来回疾跑,这使他感到十分惊奇,于是问那只狼:"你在干什么呢","你为什么没命地来回奔跑?"那只狼说:听说豹子要来了。

豹子要来?听了这话,这只狼放心了,因为豹子是我们的朋友,有什么可怕的呢?你去跑你的吧,我睡觉了。

果然,豹子来了。由于它的到来,整个草原上的羚羊奔跑速度变得极快,而这只狼的速度相对来说就慢了,它不再那么容易得到食物了,不久便饿死了。

机会是留给有准备的人的,这句话一点也不假。

所以,培训师必须不断地学习新知识,不断更新认知和生存技能。以不变应对万变。

同理,如果培训师不关注学员知道了什么,而关注学员知道了这些内容后可以做些什么,那么培训师的认知就落伍了。当然,培训师在设计课程的时候没有清晰的目的,则失去了课程开发和授课的指导思想。

可以这么说,技能训练已经是企业内训的主流方向,课程能帮助学员解决某些问题,这是企业人才发展部门评定精品课程的必选项。所以,我们必须掌握课程开发和授课的一些基本原理和法则:

第一条法则:实用法则。利用"实用第一法则"进行课程设计,要点是注重凸显知识应用价值,突出3个实用——课程实用、听得实用、做得实用,引导学员主动接受课程、喜欢听课、乐意完成实训任务,从而打造有效课堂。什么样的内容才是有实用性的内容呢?就是你的学员或者是听众,听完内容后能够迅速改变。有用和没用的区别就是:学完能否实践。一个人如果要学会游泳,就必须下水。所以,课程开发的时候,在内容设置环节就必须有下水的设计。同时,把热点问题、痛点问题、坑点问题引入课堂。课程设计需要注意两个方面:①抓住应用的切入点,开始就能认识到课程内容可以帮助他们解决实际问题,激发他们的学习欲望;②设计好每一个实训任务,学员在完成任务的同时体会"做得实用",这样才能真正体现"学员为主体,讲师为主导"的现代培训思想。

第二条法则:成人是长不大的老顽童。孔子说:知之者不如好之者,好之者不如乐之者。回忆一下我们小时候的学习经历,幼儿园里,我们玩游戏、画画、躲猫猫,都是体验式的游戏活动,到小学、中学、高中,如果某个老师单纯地讲,我们就不喜欢这个老师,进而不喜欢这门课程。其实,不论是成人还是孩子都是在探索中学习的,都希望参与,都喜欢体验感。所以,在课程开发的时候要考虑成人的学习特点,在本书中有详细的分析。

第三条法则:"峰终定律"法则。诺贝尔奖得主、心理学家 Daniel Kahneman 经过深入研究发现,对体验的记忆由两个因素决定:高峰(无论是正向的还是负向的)时与结束时的感觉,这就是峰终定律(Peak - EndRule)。

这条定律基于潜意识总结体验的特点：对一项事物的体验后，所能记住的只是在峰与终时的体验，而在过程中对好与不好体验的比重、好与不好体验的时间长短，对记忆差不多没有影响。这里的"峰"与"终"其实就是所谓的"关键时刻MOT"，MOT（Moment of Truth）是服务界最具震撼力与影响力的管理概念与行为模式。在课堂上，让学员印象最深刻的是要学会创造。比如你去迪士尼游乐园一整天，可能绝大部分时间都在排队，同时也玩了很多项目，但过了几天，你能回想到的只有那些精彩的瞬间。

第四条法则：行为改变法则。好的课程当时就能产生好的效果。在课堂上，好效果的判断标准是看学员的习惯有没有改变，行为有没有发生变化。比如，你要讲授急救技能，你可以如此设计：分组进行，每组15人，模拟急救练习。设定具体病例，如急性心肌梗死、创伤性休克等患者的抢救，运用护理程序，提出护理问题，并制定各项急救措施。每组学员在模拟人身上同时进行各项急救操作，并轮流担当不同的任务，如呼吸支持、循环支持、输注药物等，操作完成后先由小组成员之间相互评价、讨论，总结不足之处，再由指导讲师进行小结。

卢梭说：读书不要贪多，而是要多加思索，这样的读书使我获益不少！建议各位读者阅读本书时能思考，在思考中获益。学习先不做评论，应阅读，理解，反思，然后归纳总结，同时结合自己的认知理论，看能否借鉴。这才是学习的正确姿态。希望各位读者朋友能提出自己的想法，并对本书不足之处提出改进建议。

目 录

第一章　经典模型，敏捷开发 ………………………………………… 1

第二章　课题分析，精准优化 ………………………………………… 17

第三章　经验萃取，干货提炼 ………………………………………… 30

第四章　内容框架，逻辑思路 ………………………………………… 44

第五章　课程目标，大纲编写 ………………………………………… 54

第六章　课程课件，排版美化 ………………………………………… 59

第七章　成人学习，教学设计 ………………………………………… 74

第八章　课程资料，完善附件 ………………………………………… 153

第九章　课程说课，迭代修改 ………………………………………… 163

结　语 …………………………………………………………………… 167

鸣　谢 …………………………………………………………………… 169

第一章　经典模型，敏捷开发

在远古时代，培训就已经产生了，只是那时的培训很简单，并不是以授课或研讨的方式进行的。然而，如果没有一些传授的方法或传播的形式，人类社会就不会有从牛车、马车到利用高科技的汽车出现。在孔子时代，大家都是以学徒或徒弟的形式进行学习，他们一般采取讲授—测试—出山门实践的方式。

直到近现代，培训的名称才统一下来。

现在，每年都会有很多公司在培训上花费巨资。就中国企业来说，大企业按照员工工资总额的5%进行投资培训，这个数字暗示了公司培训是相当重要的。为了证明这些投资是有效的，有价值的，企业的老板或负责人想知道些什么呢？那就是培训的价值和收益。

有效的培训必须结合企业的效益进行。可是，众所周知，培训很难直接产生绩效，培训的作用必须发生在学员身上，通过学员的努力和行为的改变而产生好的结果，进而推动企业发展。从这个层次来说，培训和学员之间是有直接关系的，那么培训怎么做才能让学员真正接受呢？一是培训学员需要的内容，学员才愿意主动接受；二是培训学员感兴趣的内容，学员才有动力学习,进而去改变去实施;三是让学员快乐地学习,枯燥的学习方式很难让成人接受,快乐的教学已经是成人教育普遍的共识。

在培训期间,离不开一个角色,那就是培训师,培训师要做的是提供解决或讲授这些相关内容的服务。

哈佛大学对各个角色在培训中对课堂效果所起作用进行了调研,得出的结论如表1-1所示:

表1-1 培训结论

	培训前	培训中	培训后
主管	4	5	1
培训师	5	7	8
学员	3	6	2

从表1-1可以看出,培训师在培训中对课程效果所起作用最大。也说明了一个道理:培训师的使命就是在课堂上把自己的核心内容清晰地传递给学员,并让学员快乐地学习和掌握所学内容。

假设你刚刚进入培训行业,恐怕你就要从培训新技能和新知识入手了。

那么,如果你想成为培训师,如果你还在成为培训师的路上,如果你对成为培训师还存在疑惑或者还想提高,那么希望通过本书的学习,让各位对培训师和培训师课程开发及授课技巧有深入的了解,掌握某些实用的方法和技巧。

不知道大家有没有注意到,现在,晒朋友圈比较多,晒什么呢,晒老公,晒老婆,晒旅游,晒美食,当然了,也有很多晒学习的,而且还不少。现在流行一句话:越学习越有钱,越有钱越学习。第一句话,我不敢保证,但第二句话确实如此。有钱人要学习,其中一个途径就是听课学习,那么听课学习必须有老师呀。

韩愈在《师说》中讲道:"学者必有师。人非生而知之,孰能无惑?惑而不从师,其惑终身不解矣。"

孔子又说:三人行,必有我师焉。

从这里可以看出,人都应该有老师,因为人都有可能遇到困惑;人也都有成为老师的机会,因为每个人都有让别人学习的长处。圣人孔子还曾以郯子、苌弘、师襄、老聃为师呢!

由此可见,老师是常青树的职业,人人需求的职业。

俗话说,男怕入错行,女怕嫁错郎。在选择职业的时候,要慎重,要选择那些有前途、人人需求和常青树的职业,那么培训师就是首选的职业。可以说,选择做培训师,就等于选择朝阳产业,笔者常常说的一句话是:不做CEO,只做培训师。

培训是每个培训师都会拥有的非常刺激的工作。

为什么这么说呢?

因为,做培训师可以获得很多收益:

(1)第一收益:情商(Emotional Quotient),通常是指情绪商数,简称EQ,主要是指人在情绪、意志、耐受挫折等方面的品质。提高情商是把不能控制情绪的部分变为可以控制情绪,从而增强理解他人及与他人相处的能力。如今,人们面对的是快节奏的生活,高负荷的工作和复杂的人际关系,没有较高的EQ是难以获得成功的,情商(EQ)会影响智商(IQ)的发挥。EQ高的人都喜欢同他人交往,总能得到众多人的拥护和支持。同时,人际关系也是人生重要资源,良好的人际关系往往能获得更多的成功机会。自从笔者做了培训师后,笔者的情商提高了。笔者之前是个急性子、爱发脾气的人,是培训师这个职业磨炼了笔者。因为在课堂上,培训师不可以随意发飙,要克制情绪，久而久之，和善和克制、忍耐的情商就提高了。同时，培训师在授课的时候要幽默，保持课堂轻松、自然，培训师们的幽默情商也提高了。

（2）第二收益：自由的工作状态。其实，自由是一种工作状态，真正的财富是，你可以自由地支配时间，金钱只是生活的辅助因素。你可以赚取很多钱，但你却不能获取更多的时间。提到自由，笔者想起匈牙利诗人裴多菲的一首诗：生命诚可贵，爱情价更高。若为自由故，两者皆可抛。可见，很多人向往自由，如果你选择做培训师这个职业，就可以满足你自由工作的梦想，让你自由支配你的时间。培训师是自由职业者。

（3）第三收益：知识体系完善。如何建立完善的知识体系，除了平时积累和多看书之外，其实，对培训师来说，授课前重要的工作是课程开发与教学设计，开发就是内容的萃取、设计，也就是思路和教学形式的设计。在实施课程开发和教学设计过程中，内容的组织，语言的组织和形式的选择，都可以让自己在某个领域的知识框架更加完善和完整。同时，在授课的时候也是检验知识是否真的完善的过程，教学相长，通过和学员互动，可以让你的内容更加完美。

（4）第四收益：自信的正能量心态。成功者和失败者有什么区别？也许这个答案很广，其实，一个关键的点是自信。人生就意味着挑战，不是挑战别人，而是挑战自己。培训师在课堂上是挑战自己的一种形式和表现，让自己更加自信，表达更加自如。同时，培训师在课堂上也是正能量的传播者，是鼓励学员的促动者。韩愈说：授之书而习其句读（dòu），即教他读书，（帮助他）学习书中的文句。转换下，授之量而习其自信（就是你要让别人自信），就要教会别人自信的方法。这些方法如果培训师自我体验和实践，时间久了，自己自然具备自信的良好素养了。所以，培训师内心大都向着阳光。

可以这么说，做培训师是最佳的成长途径和自我完善的途径。所以，为人师表是需要修炼的。那么修炼什么呢？培训师必修的内容包括三个方面：

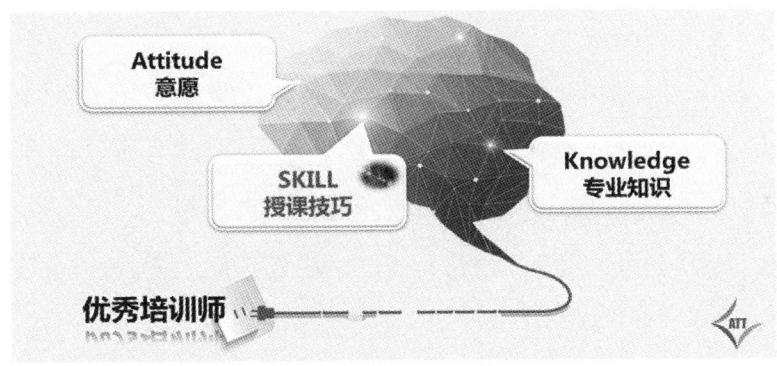

图 1-1 培训师必修内容

（1）意愿的修炼。意愿，通常指个人对事物所产生的看法或想法，并因此而产生的个人主观性思维。意就是心意、心的方向，愿就是愿望、愿动力，故意愿是最初的愿望想要达到某个特定的目标和方向，然后用尽自己的能力去达成目标和方向。

《武王伐纣平话》卷下："知公此岸钓引，於天意愿，愿公表察"。就是说，做某件事情，是发自内心的喜欢，而不是为了其他附加值。

有人问：做培训师那么容易挣钱，谁都想做呀，谁都有意愿，但是，仅为了挣钱选择做培训师，笔者真心建议不要选择培训师，原因很简单，做培训师真的不能成为富翁，挣不了大钱；仅为了挣钱选择做培训师也不能长久，因为培训师是体力工作者，很累，经常出差，有时照顾不到家庭，如果不是真的喜欢，估计不能坚持太久；仅为了挣钱选择做培训师，会迷失方向，俗语说得好，行有行规，没有规矩不成方圆，为了钱而破坏行规的培训师就会被抛弃。比如：绕开机构和企业合作；收费不讲课或不用心准备课程；课前不做需求调查，课程满意度不能达标；等等。所以，做培训师的第一要素是从心底喜欢，有兴趣，钱不重要，重要的是能分享，有分享的平台。真心热爱是做好培训师的基石。

（2）具备专业知识。韩愈说：闻道有先后，术业有专攻。做任何职业都要有一技之长。讲，左边是言字，右边是井字。言就是说话，讲话，表达。井字很有意思，不知道各位见过井没有，笔者在北方生长，小时候，我们喝的是井水，也从井里抽水灌溉农田，所以，井给笔者的感觉是非常深。从说文解字的角度来说，做培训师的，不但要能说，还必须说得有深度。所以，各位培训师要在专业领域提升自己的专业度，这个是培训师成为常青树的利剑和法宝。比如：你之前是做HR管理的，那你可以在HR管理或HR某个模块深入研究，形成自己的课程体系特色。

（3）授课技巧塑造。在这里告诉各位，授课技巧是培训师的生命。因为，良好的授课技巧是培训师授课质量的关键要素，可以提升培训师满意度，满意度是塑造培训师声誉的重要因素。在培训行业，培训师声誉就是培训师的生命。

只要你站在讲台上，面对成人学员，你就不能单纯地讲授，因为成人不喜欢。既然不能单纯地讲授，就需要使用技巧去影响学员，让学员在轻松、快乐的学习环境中进行学习。

在课堂上，对学员来说，培训师是培训中最重要的部分，因为他们直接和学习者打交道，需要提高学员的学习和绩效。可以说，学习者学习的好与坏，很大程度上取决于培训师角色扮演的好坏和能力的高低。

那么，培训师在课堂上（授课时）应该具备什么样的能力呢？看似简单的一个问题，其实为我们打开了一扇窗，通过这扇窗，我们能够看到课堂授课与学习的很多观点。授课有多样化的形式,其实,授课必须和当代学习者所处的环境相结合。

比如,在原始部落时代,向下一代传递知识、技能、态度是通过各种活动进行的,如示范,讲故事。一种情况是,年轻的学习者观察年长者是怎样捕杀猎物的,或是怎样织网的,或是怎样种植谷物的,在观察的过程中,年轻者逐渐参与到这些活动中来;另一种情况是,部落首领将年轻的学习者召集起来,将部落的知识与传统以讲故事的形式传递给下一代。

可见,原始部落时代在传授文化、知识、技能的时候也是借助一定形式的。当然,这必须要求传播者能掌握这种形式并操作,其实这就是教学的能力。

接下来,我们具体分析。在分析之前,我们首先要理清一个问题:培训师在课堂上是干什么的?

韩愈说:师者,传道授业解惑也。道,笔者的理解就是知识。有种说法叫授业恩师,就是传授给生存者本能,业就是技能。惑,顾名思义是疑惑、问题,要帮助学员解决疑惑和问题。培训师在课堂上是干什么的呢?翻译过来就是传播知识,教授技能,解决问题,它们是递进的关系。而且,在一堂课里,三者一般是共同存在的,就是你既传播知识,又教授技能,同时帮助学员解决问题。这样,知识、技能和问题就组成了课堂上的传授内容。

其实,在课堂上,把知识、技能和问题清晰地传递给学员也许能做到,但传递了知识后,学员不一定能够接受。原因很简单,虽然你的内容不错,但你的传播形式学员不喜欢,学员没有兴趣。

有一次,在课程设计与开发公开课时,一个学员和笔者沟通,他们公司的学员非常喜欢风趣和幽默的培训师,喜欢培训师像脱口秀演员一样,而且不喜欢大理论,这就告诉我们培训师,单单考虑内容不行,还要考虑呈现内容的形式。

苏格拉底作为一个好培训师的范例每每被提及，苏格拉底教学法也往往被引用为有效教学的典范。苏格拉底总是能以发人深省的问题挑战学习者的思维，总能启发学习者自我认知。

苏格拉底教学法是以学员为中心的，是以学习者为中心的很好的案例。所以，笔者认为，一名优秀的培训师在课堂上必须遵守一个授课公式，如图1-2所示。

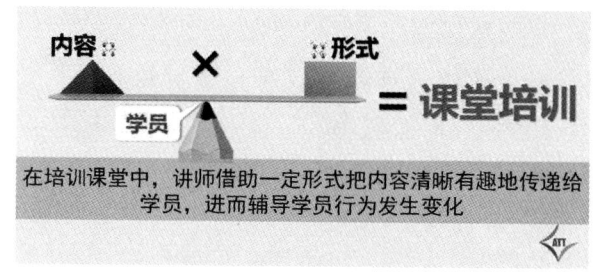

图1-2 授课公式

内容要做到什么呢，就是符合学员的需求，讲学员想听的知识、想学的技能和遇到的问题。就是要满足学员的求知欲望和需求。

抓住了需求，就能成功。课堂上也一样，抓住了学员的关键需求，就能成功。

其实，生活中处处存在满足需求的事情。前段时间，笔者乘飞机到成都，但目的是乐山，需要转高铁。笔者就从成都机场打的去成都东站，一般情况下，成都机场到东站的的士费是80元，可那天的士司机收了笔者150元，笔者当时就提出了异议，但司机坚持说没有错。笔者付费下车后，就拨打了当地的12345政府热线。过了2天，12345热线回复我说："我们经过了解和确认，当时司机确实多收了费用，我们责令出租车公司作如下处罚：①让出租车司机写200字的检讨；②对司机罚款300元，你看满意吗？"

大家认为笔者会满意吗,笔者当然不满意,因为,笔者的需求是把多收的钱退还给笔者。

所以,培训师授课第一个要关注的要素是内容。内容要做到实用,满足学员的需求,而不是培训师认为学员想学什么。

小贴士

培训师要做一个转变,从我想讲什么到学员想听什么。

前段时间,在微博看到一则段子:一个讲生物学人体结构的老师,把自己当成了模特,站在桌子上给自己的学员授课。

图1-3 现场授课

资料来源:互联网。

这幅图给我的启发是：光有内容是不够的，还必须有好的授课形式，能引起学员注意力的形式。所以，有了好的内容，也不一定能获得学员的喜欢，因为，学员可能不喜欢你授课的形式。那么，什么形式比较好呢？这个要从成人的特点入手。成人在课堂上学习一般感性的多，都是长不大的老顽童。喜欢轻松的气氛，好玩，幽默。所以总结来说，形式应该做到4有：有趣味、有交互、有新意、有多样。

（1）有趣味：使人感到愉快，能引起兴趣的特性。在课堂里，学员对学习的趣味性要求很高。只有引起了学员的兴趣，学员才有动力积极地学习和参与。趣味性是指课堂轻松和谐，幽默诙谐。

（2）有交互：培训课堂不是单向沟通的，而是双向进行的。所以，在课堂上，要采取可以和学员对话的方式，而不是单纯传授的方式。要做到有互动，有参与，有体验，相互有交集。

（3）有新意：新奇对学员来说是永远的追求。在课程内容已定的情况下，如果你的表现形式很新奇和富有意义，那么学员就会很轻松地接受你的内容，也许会使用洪荒之力参与学习。

（4）有多样：与课程内容匹配的表现形式不能单一，只使用一种表现形式学员就会免疫，所以，要多种形式交替使用。

如果在形式方面概括说明的话，那就是"新动力"。

以上是对培训师授课方式的解释和说明，对培训师来说，是内容和形式的关系。

分享一段授课片段，看看这个老师在课堂上有没有做到内容和形式的结合。

授课片段内容大致如下：

培训师：早上好，女士们，先生们。

第一章 经典模型，敏捷开发

学员：是下午，老师。

培训师：对，没错，说的对。

培训师：我的名字是×××，我的名字是（低头看小炒），奥，我叫瑞尔奇盖尔斯，我来自行政部，由我负责我们公司搬迁地址的情况，就是这样。

培训师：反正我相信董事会没有感到厌烦，每个董事会在地下停车场都有固定车位，从停车场我们可以乘电梯直接到达每一层楼的楼面。

学员：别再说这些废话了，新地点有没有员工食堂呀（很多学员附和：对呀，说呀说呀）。

培训师：哦，哦，这个。

学员：我们下班多增加的车费由谁来替我们付（大家附和：就是呀，对呀，对呀）？

培训师：哦，哦，这个。

学员：路上花的时间多了，每天的工作能减少吗（大家附和：可不是，可不是吗）？

培训师：哦，哦，听着，你们看那，我肯定觉得你们感觉那儿多么好，从董事会会议室能看到，看到风景。

学员（叹气）：嗯嗯……

培训师：除非我们能够大幅度生产，否则就无法满足德国市场的需求。

学员：那又何必呢？（附和：就是呀）

培训师：你说什么？（语气加重）

学员：我们何必增……增加产量。

培训师：万一，收购卢梭。

学员：大家都很快活，我们干嘛不顺其自然呢？（附和：对呀，对呀，说呀，说呀，说呀）你们这些人搞得的，难道你们赚的钱太多了？（附和：快快讲

· 11 ·

下去，快呀）

培训师：有专门仓库的路，我们可以……

学员：有直升机场吗？（大家哄堂大笑）

培训师：不利的方面是，他周围2英里处有17家五星级酒店，你们的腰围会增加的。（学员发笑）

培训师：不过，不过。

学员：你说的那个地方究竟有多大？我种番茄怎样呀？（全班发笑）

培训师：闭嘴，闭嘴，都闭嘴，现在都闭嘴。你们别在发牢骚了，你们不能安静一会儿吗？你们就像一群叽叽喳喳的麻雀，我会怎么样，我会怎么样，你们就不能把目光放得远一点吗？

各位伙伴，看完后，互动下：问大家：在课堂中，培训师存在什么问题？

大致存在如下问题：①内容不是学员想要的；②情绪控制不好，说学员是麻雀；③没有正面回应学员的提问；④控场不好，现场混乱；⑤准备不充分，紧张。

其实，这些问题可能也发生在我们身上过，那么我们如何解决呢？大家都知道，解决问题靠什么？主要靠前期的准备和设计工作。其实就是课程设计与开发。这让笔者想起之前看过的一部电影，电影的名字是《三傻大闹宝莱坞》，其中有一个片段，帝国理工学院的校长面对新入校的学员的演讲，到最后，竟然有位学校的校工能把他的话重复出来。这就说明，校长每年都这么讲，都是套路，提前准备好的。

> 小贴士
>
> 培训师须知：准备多充分都不过分！

现在的关键是如何准备？采取什么方式准备更高效？

针对这些问题，我们认为，所有的准备都应结合需求。基于现代人对知识的迫切需求，传统的课程培训已经无法满足当代人日益个性化、多元化以及快速获取知识的要求。因此，在快捷性、灵活性及团队合作性上更有优势的敏捷理念有希望改变现状，突破局限，形成新的培训思路。本书分析了固有模式下教学设计的不足，结合新兴课程模型PMADE，尝试在教学培训里打造运用敏捷理念的技术环境。

近年来，对于各种各样的讲师培训课程，我国都给予支持，这对提高整体的讲师素质起到了重要的作用。敏捷理念最早起源于制造领域，随着应用的不断外延，慢慢引入到教育领域。目前，随着互联网技术逐渐完善，电子课堂走进了人们的生活，对于课程设计来说，教育模式的转变是必然的。

随着社会信息逐渐透明化、专业化，敏捷理念相应而出。敏捷是一个企业在遇见不可知的问题时，从竞争中脱颖而出的能力，也是促进改革及不断创新以在商业中创造更多价值的能力。因此，不是只有快和速度才能体现敏捷理念，它是一种遇到问题时的反应与调整思路，以及保证项目能灵活稳定运行的理念。

敏捷理念在发展中被各个行业所吸收应用，在此过程中，积累了一些独特的理论基础。2007年的《敏捷教育宣言》中提到："可工作的教学设计胜过面面俱到的文档等内容。"这为敏捷理念在教学课堂上的应用奠定了基础。

好的课程开发一定是有套路的，套路越清晰和标准，产生的课程质量可能越高。就像我们吃肯德基的薯条一样，可能你在很多不同的门店都吃过肯德基的薯条，味道怎么样，感觉都差不多。为什么，因为制造薯条的步骤和流程是高度标准化的，质量相对稳定。

当然了，培训师开发课程必须有耐心，其实，做课程资料需要时间和精力，时间用得多，则容易产生精品。

源于敏捷理念对教育行业的影响，PMADE 模式开发出了关于课程设计的核心流程，包括问题场景分析，方法策略呈现，逻辑构建，教学设计，要件开发等环节，开发的思路清晰简单，这个套路和流程就是 PMADE 模型，如图 1-4 所示。

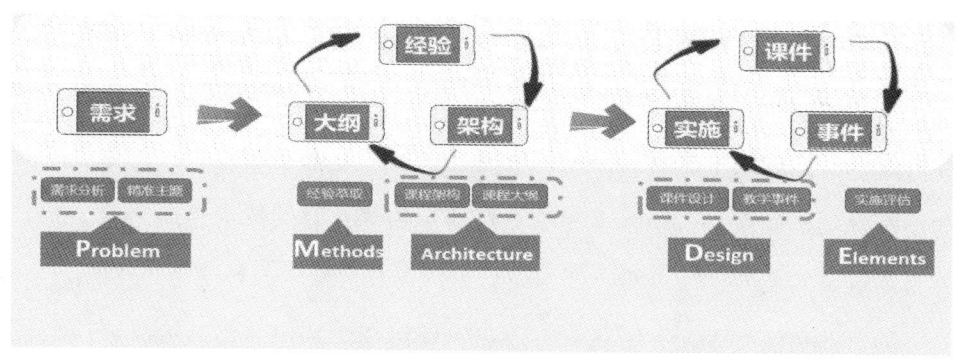

图 1-4　PMADE 经验萃取与敏捷课程开发模型

所谓的 P（Problem），主要做两件事情：①需求分析，②精准课题。同时，对课题进行优化，做到"一名惊人"；

M（Methods）是策略框架，就是先萃取经验和梳理知识体系。要符合课程架构设计的基本思路和模型。

A（Architecture）是课程体系梳理，主要是课程大纲的详细编写和课程内容二次优化。

D（Design）是指课程课件的设计和制作，按照一定的规范，快速做出适合教学的课程课件。

E（Elements）是在课程内容确定的基础上，设计匹配的教学形式和教学活动。这是为了使课程更加具有活力和授课力。

要突出 PMADE 模型的优势，我们先分析一下传统教学的优缺点：

1. 固有教学模式优点

（1）成熟性：传统教学有着悠久的历史，是讲师比较熟识且习惯使用的方法，已经形成了成熟的教育机制。

（2）补充性：互联网技术的优化扩充了教育的教学工具，可以使学员体会到更新颖的学习形式。

（3）可塑性：在能够达到预期教育效果的情况下，可以对固有的教育模式进行适当的补充或裁剪，一切以教育质量为中心不是一直不变的。

（4）适应性：虽然固有模式中教学环节是不变的，但在实际教学中，讲师可以酌情分配某个教学环节在整体上的比例，进而更完美地完成任务。

2. 固有教学模式缺点

（1）学员没有学习兴趣：若传统课程在设计上枯燥无味，会使部分学员萌发厌学心理，达不到教育的目的。在这种教育模式下，缺少师生协作，则会使学员处于被动吸收的状态。

（2）知识分散：由于我们所需知识点分散杂多，各个知识点之间的联系少，容易形成孤岛效应。固有体制中大多以教学大纲为出发点，设计的课程之间缺少联系，造成一些学员对课程的整体思路把握不到位，无法运用到实际中。

PMADE 在敏捷课程开发中的应用优势如下：

（1）教学课程。对于固有模式的教育模型，PMADE 模型的开发不但保留了原有教学理念上的优点，还很好地优化了课程开发周期，简化了教育流程，使教育行业能够更好地适应时代的变化，改善传统教育中的缺点。PMADE 模式的开发可以说是互联网时代的产物，能够满足社会发展，使教育模式更简单、更清楚地展现在大众面前。

（2）开发环境。就 PMADE 来说，技术环境是保障其高效性和规范性的重要标准。在开发流程、设计课程、参考资源等模块着手优化技术环境。敏捷课程开发的过程需要全组人员协作分工，共同努力。如有人前期调研，开发课程，有人负责专业知识，解决实际问题，所以敏捷课程开发需要多方参与机制。

按照本章的逻辑，你会发现，不论是内容，还是形式；不论是前台能力，还是后台能力，我们都能感知到，一种无形的力量和群体在影响着这些，那就是课堂上的上帝——学员。

内容和形式要随着学员的不同而不同，课程开发所产生的成果也要随着学员的变化而变化。

后续章节会对PMADE各个环节展开详细的说明和介绍。

可见，课堂上，学员是中心，是主角。既然课堂以学员为中心，那么作为培训师，就必须对学员这个群体深入了解。孙子说：知己知彼，百战不殆。讲课也是如此，我们必须深入了解学员。

第二章　课题分析，精准优化

生活中，需求是指人们在某一特定的时期内，在各种可能的价格下愿意并且能够购买某个具体商品的数量。这样需求的构成要素中就有商品、价格和满足需求的能力。商家为了满足客户的各种需求，开发了品种多样的商品，当然，商品价格也有不同。其实，培训课程也是一种商品，同样要满足学员的需求。

培训课程这种商品在交付给受众的过程中，相对来说，比生活中的商品更加容易成功。因为培训课程的受众是普通人，只要有一定的学习能力，就可以交付，不需要物质能力，主要看培训课程能否刺激受众的学习欲望。当学习能力、学习欲望和培训课程都具备了，具备交付功能的课堂才能发挥最大的价值。如果仔细分析课堂上的三个要素：学习能力、学习欲望和培训课程，你会发现其实可以归纳为两个要素，那就是学员和课程，而且，这两个要素必须相互支撑才能收到最好的课堂效果，不然，学员欲望勾不起，你的课程就不能很好地交付。所以，课程勾起学员的欲望至关重要。

这让笔者想起去年旅游时吃到的一道菜，这道菜叫桑拿鸡。回到家后笔者有个冲动，开始购买各种食材，照着笔者体验的感觉开始制作桑拿鸡。试问：这盘菜哪些方面刺激到了笔者的欲望，让笔者产生了行为？答案很明显，味道和颜色，总结起来就是色香味俱全。其实，课程也一样，要找到刺激学员的点。可能是问题点，也可能是工作中遇到的坑点和难点。

需求就是课程开发的信号，要求培训师时刻关注。在企业中，这些信号的表现如表2-1所示。

表2-1 信号及其表现

信号序号	现状	课程开发点
需求信号1	员工绩效低	某种能力问题点
需求信号2	员工积极性不高	某种心态问题点
需求信号3	发生了影响经营的关键事件	分析事件，找到有关人的某种能力问题或心态问题
需求信号4	企业战略调整	调整后的业务所需能力问题点分析

从另一个角度来说，在人的大脑中，有很多经验，包含ABC等（见图2-1），一次课程不可能把全部经验都呈现给学员。至于选择哪个经验，必须有个导向，那么这个导向就是学员的需求和问题。根据问题和需求，再决定到底提取哪个经验。

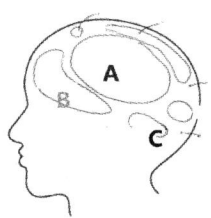

图2-1 大脑中的经验

可见，只有挖掘到真正需求，才能对症下药，设计出具有针对性的培训课程，以达到最佳的培训效果。例如，落水者需要的一定不是一只鞋，而是有人帮他一把，或下水救他，或扔他一根绳子等。在企业，真正的需求是分层次的，笔者称之为一次需求和二次需求。

所谓的一次需求是指企业发展所需要的人才赋能需求，这个和企业的战略、外部环境变化、客户需求、政策法规变化所导致的培训需求有关。往往一次需求是高层需求和战略需求。一次需求由人力资源管理部门和人才发展部门负责实施。

操作一次需求，更多要关注内部环境，因为外部环境的变化往往要转为内部环境的适应和调整。在适应内部环境中，员工的实际能力水平占据非常重要的位置。一方面，企业需要把员工的实际能力和完成任务所需能力进行对比；另一方面，通过衡量员工的真实能力水平，可以发现差距和问题。一次需求的实施往往以岗位地图为基准，通过对岗位上的员工真实水平和岗位标准的对比，找到完成岗位要求的员工的能力差距和素质差距，产出的结果往往是公司课程体系和学习地图。

二次需求又是指什么呢？顾名思义，二次需求是在一次需求的基础上进行细致的需求分析，一次需求产出的课程体系往往是框架性质的，二次需求需要对这些框架性质的课题重新梳理，构思具体的呈现内容。两者之间的区别如图2-2所示。

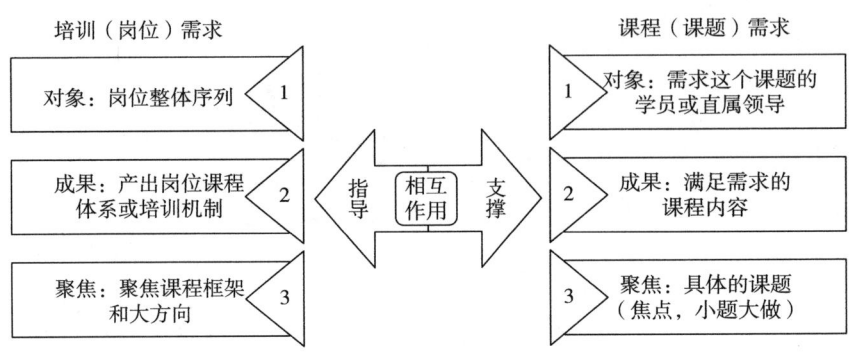

图2-2 培训需求与课题需求的关联

二次需求往往是课题开发者要完成的工作，其实就是培训师要完成的。本章将重点讲解二次需求即课题需求分析。

提到课题，我们先做个一小测试，下列课题适合企业内部培训师开发的是（企业内部培训师课程授课时长一般在2小时内）（可以多选）：

（1）项目管理。

（2）企业通讯与报道写作技巧。

（3）招聘技巧。

（4）员工管理技巧。

（5）公司设备维护技巧。

答案见后文，我们先分析一下课题需求的关键要素。其实，课题需求和产品需求很类似，比如，一只激光笔，使用的人群有很多，培训师、汇报者、售楼人员，每个使用对象所需要的功能是不同的，培训师一般需要三个功能：激光、翻页和黑屏。工作汇报者两个功能：激光和翻页，黑屏就不需要。比如：你说，各位领导咱们黑屏一会儿吧，估计领导会说你有病。售楼小姐只需要激光即可。所以，对象不同，产品功能就不同。课题也是这样的，对象不同，课程内容就不同。所以，精准课题应该先找准受众对象。

在这里，给各位培训师介绍一种精准课题的方法，那就是ASP模型，所谓的A就是对象的意思，是英文Audience的简称；S就是场景的意思，这里的场景是指完成业务的场景，是英文Scene的简称；P是聚焦问题，就是英文Problem的简称。如图2-3所示。

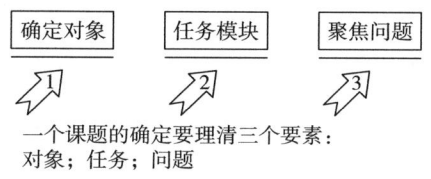

一个课题的确定要理清三个要素：
对象；任务；问题

图2-3 ASP模型

（1）受众对象，就是课程交付的对象。这里的对象必须是具体的岗位，而不是岗位群。对象要相对具象化，不能太笼统。比如：销售人员，因为销售线条所包含的人员太多了，应该是销售代表或销售主管等。若受众是技术人员，也不能太单一，其实本次课程可以只针对工艺工程师等。课程受众的对象要做到单一性，这样才能保证课程内容的针对性，某种意义上，针对性就等于实用性。另外，课程对象的受众量要达到标准，不要为1人开发。

> **小贴士**
> 对象岗位单一性是课程内容针对性的保障。

（2）当对象锁定了，就要考虑培训师能为对象带来什么样的课程内容，课程内容往往有很多，笔者建议最好贴近对象的业务场景或必须要实施的工作场景。但最重要的是应考虑这个业务场景或工作场景是培训师所熟悉的，不熟悉的内容建议不要开发。例如，锁定了招聘专员这个对象，但你的工作是做党建管理的，那么你能为招聘专员开发什么课程呢？一定不开发招聘技巧的课程内容，往往会选择党建领域的课题；不过，如果你本来就是招聘领域的专家，那么你的受众对象是招聘专员，那么你就可以为对象开发一门招聘技巧方面的课程了。

> **小贴士**
>
> 根据课程对象选定的内容要属于自己擅长的领域。

（3）在对象和业务模块都选定的前提下，要充分考虑内训课程的特点：短、小、精。短，就是时间短，一般内训课程授课时长在 2 小时内；小，就是内容要小，既然时间短，就能选大点讲，要选择小点展开分享，这样才能做到小题大做。这样的课程才能精彩。要做到精彩除了时间短和内容小外，还必须有很好的授课呈现，这在后续的章节中会展示说明。那么如何做到短、小、精呢？利器就是对业务模块进行聚焦。这是 ASP 模型中最难把握的一点。那么到底如何聚焦呢？这就要从学员对象本身进行分析，充分的分析可以获得真实的学员需求。

举个例子：如果你是一名培训师，最近要开发一门课程，受众是游泳的高手，业务模块是下水救人，但主办方只给了你 30 分钟的时间，也许你很犯难，30 分钟太短了，2 个小时都讲不完。怎么办？只能用压缩内容这个办法了。想压缩内容就必须从学员需求分析入手，梳理游泳高手对下水救人哪些内容感兴趣，或者游泳高手下水救人最担心什么？他的难点和问题点是什么？其实，答案很明显，游泳高手下水救人最担心的是如何不被挂掉，游泳高手很担心体力不支，同时和被淹者一起下沉。所以，你可以从下水救人如何做好自保入手，这样你的受众对象会对课程内容表现出很大的兴趣。

参照这个例子,我们在梳理课题聚焦点时,往往思考学员遇到的问题点。这里扩展下有关问题的理解。这里所指的问题不是一个疑问句,而是学员所遇到的一个问题现象,比如招聘效率不高、下水救人不会自保等。

大家可以思考一下:在职场中,产生问题的原因大致有几类?

综合以往经验,笔者认为产生问题的原因有三种:一是能力因素,二是心态因素,三是机制因素。所谓的能力因素是自身技能不够,动手行为不完善或有欠缺。心态因素是做某件事的态度,这与学员的认知及情感有关。机制因素涉及的面很广,可能是公司制度,可能是公司业务所处的大环境等。这里首先排除机制因素,因为机制不轻易改变。那么,培训到底能解决哪个原因?

我们通过一个例子分析:假设一个工厂有个规定,门卫保安看到老板本人或老板的车,要敬礼表示尊重。但如果某一天,保安没有敬礼,原因是什么?这就要分情况对待,如果是新来的保安,没有培训过这个规定或不知道如何敬礼,则需要培训解决,通过课程授课强化训练就可以解决了。把老板的照片放在房间默默地记住他,同时强化记忆老板的车牌号。但如果是老保安,昨天找老板涨工资,老板竟然没有同意,所以,今天我就不敬礼,这就是态度因素了。试问大家,态度问题培训能解决吗?答案是明显的。

综上所述,培训能解决的问题其实就是人的行为问题或能力问题。我们锁定聚焦问题点的时候,就是锁定学员的能力问题点。

> **小贴士**
>
> 聚焦问题点就是聚焦对象的能力问题点,而不是态度问题点(辨析需求信号的时候建议重点关注能力问题点而不是态度问题点)。

这样,我们就可以按照对象—业务场景—聚焦能力问题点来精准自己课

程的课题了。首次学习者,请参照如图 2-4 所示的模型:

这个课题的对象是通讯员,业务场景是通讯稿写作,能力问题点是如何提升政务信息写作的命中率。

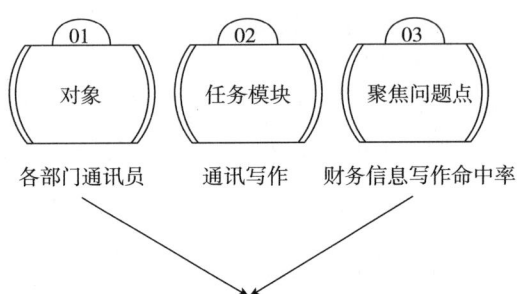

图 2-4 模型(一)

再如图 2-5 所示的模型。

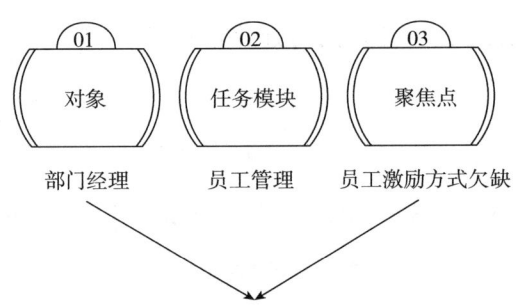

图 2-5 模型(二)

这个课题的对象是部门经理,业务场景是员工管理,能力问题点是如何激励员工的手段欠缺。所以,课题就可以精准为:部门经理高效运用激励手段的技巧。

当然了，如果你不能马上聚焦到你想要的能力问题点，你可以在锁定业务模块后，找到你的受众，进行充分的调查和了解。在这里，我们建议各位培训师采取如下两种方法进行锁定关键能力问题点（这些方法也可以用在锁定问题后深入了解学员针对这个问题点想学的内容）。

1. 访谈

访谈方法是通过对受众进行访问或组织小型研讨会，了解受众真实的深层次的需求。访谈法操作关键是提前设定好要了解的核心内容，先列好提纲，参考如下：

面谈沟通法操作细则（参考版）

第一步：询问

（1）在我们刚才说的这个业务模块里，你认为哪里做得不到位？在你的业务指标考核中，占多大的比重？

（2）这些业务指标让你头疼吗？能详细说说影响指标的原因吗？

（3）在这些原因中，你最想解决哪个？

第二步：调查

（1）请详细讲讲这个最急需解决的原因发生的经过？

（2）在您提到的这些……方面，其他人做得怎么样？能举个例子吗？

（3）那么，我能不能理解，如果我们开发这个课程，是为了改善……，对吗？

（4）还有要补充的吗？

> **第三步：区分**
>
> （1）在我们刚才说的这些待改善的因素中，您觉得哪些是个人能解决的，哪些不是？
>
> （2）以上方面，在你们部门或同行有没有一些人做得比较好？为什么？
>
> （3）我理解这次培训真正要改善的是什么？
>
> （4）还有要补充的吗？
>
> **第四步：确定关键行为**
>
> （1）在以上这些有差距的可培训内容中，哪些是您最关心的？
>
> （2）如果培训只能有一两个重点，哪些方面将最能帮您改进这个问题？

2. 观察法

观察法是通过对学员工作现场进行针对性的观察，掌握现场资料，分析原因，找到差距点，锁定课程要解决的能力问题点。这种方法的弊端有两个：一是花费的时间比较长，时间成本比较高；二是有可能观察不到真实的问题点。因为被观察者一旦觉察到有人观察自己，就会启动自我保护意识，可能伪装自己的行为，很难做到真实。

说明：有很多调查的方式，各有弊端，作为培训师课题需求分析，笔者推崇这两种方式，高效实用。

> **小贴士**
>
> 课题确定是课程开发的第一步，也是很关键的一步，所花费的时间多长都不为过，因为只有把握好了课题方向，课程内容才有传播的价值，就像旅游先锁定目的地再做攻略一样。如果做完攻略发现自己并不想去这个地方，就是浪费时间。

精准课题完成后，一般还要对课题进行优化，让自己的课程课题做到

第二章 课题分析，精准优化

"一名惊人"。现在是标题党时代，不知道大家用的是什么手机浏览器，笔者用的是 UC 浏览器，这个软件很强大，它会自动推送你喜欢的内容或根据你的定位推送文章。有一次笔者去桂林旅游，刚到桂林，UC 浏览器就推送给笔者一篇文章，题目是《凡是到桂林的注意了，可能会死在桂林》，你看到这样的题目，你看不看？反正笔者会看的，点击一看，里面全是好的内容，什么桂林山水美死人、桂林山水秀死人，等等，没有一个坏的内容。这就是标准的标题党。

2015 年，湖北的一位女诗人写了一首诗，题目是《穿过大半个中国去睡你》，这个题目多霸气，当时的传播量就很大。可见，好的标题对宣传产品能起到锦上添花的效果。

那么，课题如何优化呢，首先要做到以下三点：

（1）工具性：就是让受众一眼能看出你课题讲的是什么，刻画课程价值和工具性。例如：《向日葵心态—职场心态塑造技巧》符合工具性。但《饭去哪儿了，没米饭该咋办》不符合工具性，因为看不出你讲的是什么，到底是做米饭，还是什么？有歧义。

（2）新颖性：一看课题就有新的感受，例如《富兰克林的微笑——望闻问切识美元》。

（3）想象性：具备一定的想象力，给人一种创新的感觉，例如《婴雄联盟——提升婴儿奶粉在母婴渠道的销量》，婴雄联盟其实就是英雄联盟的想象。

在这三个特性的基础上，我们给出课题优化的具体操作公式，那就是推广名＋产品名。所谓的产品名就是精准课题环节锁定的课程主题，推广名就是方便学员记住的名称。例如《hold 住新生代——管理者对 90 后员工的沟通与培育技能训练》这个课题，hold 住新生代就是推广名，管理者对 90 后员工的沟通与培育技能训练就是产品名。给课题优化名称的关键是找到推广名命名的技巧，有四种方法可以借鉴：

第一种方法：内容提炼法，就是关键词提炼。《攻城略地——宽带专员小区驻点营销技巧》，这个课题中的推广名就是采取的内容提炼法，小区驻点营销就是把这块地方锁定了，就是攻破的意思。《与狼共舞——学会与难缠客户共舞》这个课题从共舞入手进行的提炼。

第二种方法：目标结论法，就是根据课题能达到的目标进行优化。《化敌为友——难缠客户投诉技巧处理》这个课题就是从课程的目标入手优化的，客户投诉处理的目的就是化解敌意的。《精打细算——如何成为公司优秀的"账房先生"》，公司财务一般是帮助公司节省和控制成本的，就是精打细算。

第三种方法：潮流的方法，所谓潮流法就是利用当下流行的语言和课题进行结合，如《臣妾做不到——合理拒绝他人的方法和技巧》。

第四种方法：比喻法，利用类比的方式优化主题。如《滚蛋吧，鸭梨君——轻度压力化解技巧》《世界咖啡——小组深度会谈技能训练》。

> **小贴士**
>
> 　　优化后的课题要写在课程PPT首页上，一般规范是推广名——课题名。推广名字体一般小于或等于课题名字体，尽量不要大于课题名，不然就喧宾夺主了。

好的课程离不开好的课题方向。方向是一切事物的指挥棒，所以，培训师进行课程开发时必须掌握课题精准的技巧和方法。

下面是本章测试题：

试题：下列课题适合企业内部培训师开发的是（企业内部培训师课程授

课时长一般在 2 小时内）（可以多选）

（1）项目管理。

（2）企业通讯与报道写作技巧。

（3）招聘技巧。

（4）员工管理技巧。

（5）公司设备维护技巧。

分析：很明显，这些课程课题都很大，不太符合内训。

项目管理估计要讲 2 天。所以，聚焦在项目管理的进度控制等。企业通讯与报道写作，这个课题涉及的面比较广，一堂课很难教会学员通讯和报道两种形式，可以选择其中一种形式来讲。员工管理就更大了，可以聚焦在员工激励或员工辅导方面开发。公司设备维护技巧范围比较大，公司设备很多，都涉及肯定时间不够，可以聚焦某个设备的维护技巧。

> **小贴士**
>
> 　　内训所开发课程课题建议做到小题大做，尽量不要大题小做。每个课程只需解决学员 1~2 个问题即可。

课题确定了，那么，接下来该做什么呢？那就是内容的整理和素材的收集了。

本章作业：请根据课题确定 ASP 模型和课程名称优化方法，结合自己的工作经验，拟定一个符合内训课程开发的课题（可以先模仿"对象—业务模块—问题聚焦"的模型）。

第三章 经验萃取，干货提炼

"萃取"一词来自化学，原意指一种提纯技术，后来被培训界引用，用来比喻对经验的提取。古人说："以古为鉴，可知兴替。"意思是学习古人的经验，可以知道事情的发展过程。经验萃取就是通过一系列有效的方法，对自己或某人在特定情境中的卓越实践进行分析和总结，通过归纳与整理，得出一套易操作的标准化模式，以达到对卓越实践的有效复制和传承。

《诗经》中说："他山之石，可以攻玉。"比喻别人的意见和建议能帮助我们改正缺点和不足。岗位绩优者的工作经验，无疑就是"他山之石"，可以被员工借鉴学习，帮助他们迅速提升岗位胜任能力。这些宝贵的经验无疑是给"陷在泥泞中的车垫了一块拔出泥泞的木板"，并引导其走上了一条通畅的"高速公路"，价值无疑是巨大的。

道理都懂，现实很残酷。"经验无沉淀，人员年轻化，成长需加速"是当前很多企业人才发展面临的基本挑战。特别是企业的核心经验流失很严重，比如专家经验。专家岗位经验是指介于通用的学科理论、方法论、模型与企业自身优秀的工作案例之间的特定的流程与解决问题的原则。萃取专家岗位经验的目的在于找出企业在实践中解决问题的最佳流程，并得以在企业中快速复制与传承;找出企业优秀工作案例背后的思维逻辑与工作方法论,便于优秀经验的复制。

显而易见,经验必须显性化才有价值,而且越真实越有价值。所以,经验需要不断地挖掘,把隐形经验转化为显性智慧,通过可视化的方式传播给学员。经验可开发成案例、课程、微课,用多种方式来分享传播经验,这是一个能比较有效地解决问题的学习方法,本书重点介绍如何把经验开发成课件。

作为培训师,必须知晓的是学员过来听课,更多的时候是因培训师的经验而来的,学员希望通过课程获取培训师的做事方法和套路。这就要求培训师在做课程开发的时候多关注自己的经验总结。电视剧《神医喜来乐》中的一个片段:

王爷的女儿得了很严重的病,京城的王太医看了很多次没有效果,于是王爷就请到了神医喜来乐。经过喜来乐的诊治,格格的病得到了控制,有了起色,喜来乐受到了王爷的肯定和奖励。王太医知晓后很郁闷,于是开始翻阅古书,无意间找到了一本医案,里面记载一个古方,古方中的病情描述和格格的病相差无几,而且清楚地记载了诊治方法。王太医感慨地说:我怎么没有想到,如果早点看到就好了。

我们分析下王太医最后的感慨,他认为这个古方是非常有效的,如果古方无效或没有实践过,说不定给格格使用后病情会更加严重呢。

我们再看一个事例:

每年高考结束后会产生一批状元。暑假期间,状元笔记就成了热销的商品。为什么会这样呢?因为家长认同。他们认为状元的笔记是值得借鉴的,是成功的案例。这样的经验受到学员和家长的青睐。

可见,经过实践验证的经验价值更大,所以,培训师所传播的经验必须是经过实践验证有效的,一般不传播没有验证过的经验。那么到底什么是经验,如何理解经验呢?

我们举一个例子:

如果你正在炒菜的时候,油锅起火了,怎么办?很多学员会告诉我:盖锅盖!还有更严谨的学员这样回答,从科学角度来说,油锅着火可以使用盖锅盖的方式,因为锅盖可以把燃烧物和氧气隔绝开,没有氧气火自然就灭了。这算不算经验?当然算,可惜这种经验不利于传播,因为学习者仍然不知道如何操作。

各位想想,如果你上课的时候,在你的课程PPT上只写盖锅盖三个字而告知学员,则学员就能认为你不专业。建议你写成这样:当油锅起火时选择锅盖灭火,具体操作如下:

(1) 一定要斜推着锅盖盖上。

(2) 火势大,可以用湿毛巾围住锅盖边缘。

(3) 等温度完全下降后再开锅盖。

这样呈现,小白都能借鉴,下次遇到油锅起火了就能马上模仿。

好经验的特征一:经验必须具有具体做法,具有可操作性。每次讲课的时候,学员一般会问笔者:老师,我知道了经验要具有可操作性,但到底写几步比较好呢?这是个好问题。经验可操作性到底写几个或几步,下面通过一个例子进行解释:如果笔者问大家洗碗的流程有多少步骤?你可能会回答有三步,也可能回答有四步,当然还有回答更多步骤的。那么到底写几步合适呢?站在学员角度来说,合适的才是最有效的。比如,你的对象是一群男白领,那么你写五步,学员就会认为你的方法有点复杂,不适用。但如果你的学员是一群家庭主妇或家政人员,那么你写两步,学员会认为你的经验不专业、不细致。所以,经验的可操作性到底写几步一定要结合受众的需求,受众需要三步,我们就不能写四步。

好经验的特征二:要对象适用,符合受众需求。

综上所述,好的经验一般具有三个标准:

(1) 贴近场景。实践是检验真理的唯一标准。好经验要贴近工作场景,是从实践中萃取出来的归纳和总结,好经验不能离开业务场景。

(2) 具有可操作性。所谓的操作性一般用步骤、流程、方法、策略等解释和说明。

(3) 对象适用。学员是好经验的使用者和受益人,培训师经验萃取一定要考虑学员的接受度和适用度。

下面做个小测试,看看哪些内容是符合我们解释的经验:

(1) 每天跑步40分钟。

(2) 节食减肥法。

(3) 管住嘴、迈开腿。

(4) 三吃三不吃,调整饮食。

答案很明显:第一每天跑步40分钟不是经验,只是目标,还没有付诸行动或正在行动。第二没有可操作步骤,所以,也不是本书所指的经验。第三和第四是具有可操作性的经验了,但相对来说,第四会比第三要好很多。

知道了什么是好的经验,接下来,我们分享经验萃取的方法,在选择经验萃取方法时,要考虑如下两个标准:

(1) 便捷:萃取工具与方法简单易行,突破传统"一对一或一对多访谈"岗位经验萃取法只能由外部专家顾问掌握实施的局限性。通过训练业务专家团队,自身就能够熟练掌握与灵活应用。

(2) 有效:萃取工具与方法科学有效,萃取结果能突破"专家个人经验""个案"的局限性,更具广泛的适用性与推广性。

结合这两个标准，笔者认为目前最有效的个人经验萃取方式是 3H 模型，如图 3-1 所示。

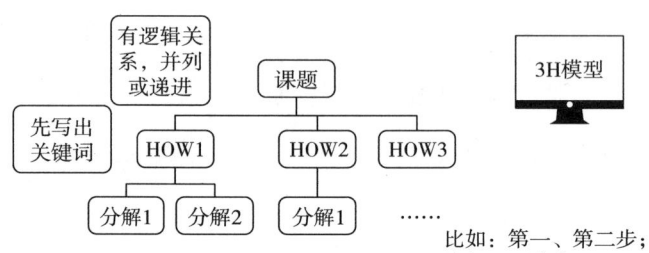

图 3-1 萃取经验策略的方法

从这个模型中我们可以看到：H 就是 HOW 的英文简称。什么是 HOW 呢？就是如何操作，这个和行为有关，其实就是实践的归纳和总结，用一句话概括就是：你当时是如何做的，把你当时的操作步骤概括出来即可。

道教中说：道生一，一生二，二生三，三生万物。这里的三只是约数，不是确数，你的经验可能不止三个，也许有更多。

这里的课题就是你课程开发第一步确定的课题，在经验萃取环节一定要记得，我们只做行为的归纳，不考虑行为背后的原理（很多培训师忍不住有疑问，定义，原理等哪里有？莫急，本章只是经验萃取环节，后文会交代整体的课程架构，整体的课程架构是包括原理和经验分享的）。

从这个模型中，我们可以得出，这里有两个层级，HOW1~HOW3 是经验归纳的一级目录，每个经验下面的分解是二级目录。有学员问：老师，要不要写到三级目录？笔者的回答是：如果分解动作还需要再分解，可以写到三级目录。一般来说写到二级目录即可。

比如你有识别人民币真假的经验,这时就可以借助3H模型直接把你的操作归纳成富有结构性的策略。如图3-2所示。

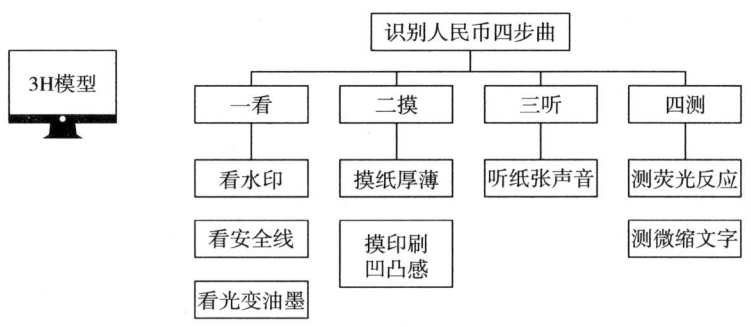

图3-2 识别人民币真伪

如果你是一名培训师,经常给学员授课,那么课堂上一般都有开场的环节,而且你每次开场都很不错,学员反馈很好。如果你要开发一堂《如何做好课程开场》的课程,你可以借助3H模型,把你开场的经验梳理出来。如图3-3所示。

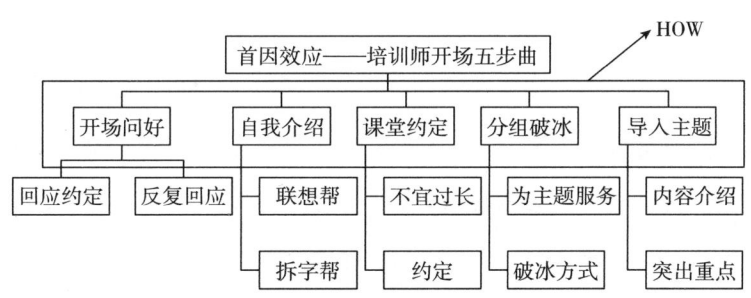

图3-3 开场经验

一、补充说明(一)

很多培训师在归纳总结自己经验的时候,往往不知道从何入手,下面介绍一种好用的方式,那就是把你自己做的某种事情还原,就是复盘过往的行为经历,先回忆,再总结。

例如:你要提炼自己是如何快速写出一份领导认可的工作总结的经验,你是如此回忆的:"以前,经理交代任务给我的时候会说,下周交一份总结报告给他,而我往往在没有了解清楚经理需求的情况下,就根据自己猜测的想法匆忙地去准备了。但做出来的报告往往不符合经理的要求。后来有一次,在经理交代完任务后,我和经理再次确认,本次汇报的主要内容有哪些?有哪些点是需要重点关注的?经理听完我的提问,很耐心地跟我解说了,当我明确了要报告的主要内容和关键点后,我的工作立刻变得清晰简单了。"

你接着回忆:

"随着我做汇报的经验越来越多,后来我想,怎样才能让我报告里的内容显得明了,易懂呢?经过一番的摸索和思考后,我发现,要根据看报告的对象特点来选择我要呈现结果的形式。例如,我们经理是喜欢看图表而非太多的文字性表述的,所以我的报告尽量用图表形式来表达,并且对图表反映的问题和解决对策进行简单的描述以完成一个事件的汇报。并且要注意,选择图表素材的时候要有针对性,要能够直观地反映出问题,要有聚焦点,不能将所有东西都堆放在一起笼统地表达好几个问题。最后,注意排版和描述内容的逻辑性就可以了。"

通过对这个回忆进行总结；那么，要做出一份合格的报告要注意哪些问题呢？

1. 确定报告的主题

我和经理再次确认，本次汇报的主要内容有哪些？有哪些点是需要重点关注的？经理听完我的提问，很耐心地跟我解说了，当我明确了要报告的主要内容和关键点后，我的工作一下子变得清晰简单了。

2. 明确受众

经理交代任务给我的时候会说，下周交一份总结报告给我。（因此，受众是经理）

3. 根据受众选择合适的形式

经过一番的摸索和思考后，我发现，要根据看报告的对象特点来选择我要呈现结果的形式。例如，我们经理是喜欢看图表而非太多的文字性表述的，所以我的报告尽量用图表形式来表达，并且对图表反映的问题和解决对策进行简单的描述来完成一个事件的汇报。

4. 整理素材

选择图表素材的时候要有针对性，要能够直观地反映出问题的，要有聚焦点，不能将所有东西都堆放在一起笼统地表达好几个问题。

5. 符合逻辑性

最后，注意排版和描述内容的逻辑性就可以了。

二、补充说明（二）

HOW1~HOW3 最好使用口诀化，这样会让你的策略方便记忆，读起来

朗朗上口。下面提供 4 种口诀化的方法

1. 关键字法

就是针对归纳总结的内容提取关键词，而不是把所有内容都写在 HOW 部分，这样做的目的是让内容更加精炼。

2. 数字法

可以使用数字的方式进行归纳总结。例如：一看，二摸，三听，四测等。

3. 字母法

使用英文字母进行提炼，这样做会让你的策略显得高大上。例如：课题确定 ASP 模型、经验萃取 3H 模型等。

4. 顺口溜法

可以采取打油诗的方式进行归纳总结，读起来有诗情画意的感觉。

下面举例如表 3-1 所示。

表 3-1 举例

口诀方法	举例
关键字法	开场"五步曲"：开场问好，自我介绍，课堂约定，分组破冰，导入主题
数字法	头脑风暴法：一发言，二追求，三不许，四步骤
字母法	经验萃取提炼方法：3H 或 WWH
顺口溜	通过话术消除陌生客户的距离有门道，以下内容要记牢： ①开场问好，要随意； ②寻找话题，聊兴趣； ③自我介绍，不必急； ④导入主题，不累赘

本章作业：请结合自己拟定的课题，使用 3H 模型，把自己的最佳经验萃取出来，绘制成具有层次感的结构图。注意：HOW 要符合口诀化。

三、补充说明（三）

在企业，除了进行个人经验的萃取，还有专家经验和团队经验的挖掘，我们往往称专家经验和团队经验为第三方经验。

"业务专家，一个顶三"，牛人做了牛事，一定有牛招。但是，很多公司的专家经验在闲置，甚至在流失。企业需要自上而下地进行干预了，要把专家经验提炼出来，让更多的小白学习使用，否则就只能白白流失了。正所谓"经验流失，错误如织；经验萃取，传播万里"。

专家经验萃取常用的方法有三种。

（一）情景分析法

情景分析法又称复盘法，实施这种方法最成功的是联想公司，他们通常的做法是：做一件事情，无论失败还是成功，必须重新演练一次。柳传志说："复盘至关重要，通过复盘总结经验教训，尤其是失败的事情，要认真，不给自己留任何情面地把这个事想清楚，把事情想明白，然后就可以谋定而后动了。"

针对专家某个领域的经验做法进行还原，分析专家当时做法的原因、环境、影响因素、采取所做方法原理或理由。同时，还要考虑复盘时应该注意的事项和边界条件是否发生了变化。

复盘的关键是推演，通过复原这个动作，复盘就不单单是对过去的简单复制和沉淀，而是结合当时的情景对各种可能性进行探讨。

具体做法如下：

1. 锁定萃取目标

萃取前必须清楚要获得的内容，没有清晰的目标，萃取就变得盲目和无方向。经验萃取的目标设定一般要考虑如下要素：①萃取的方向（边界界定），如专家的某个领域的经验、机器异常响声排除的牛招。②锁定专家。某个界定的方向也不只有一个专家，要挑选合适的萃取对象或指定萃取对象。③告知对象本次萃取的范围和要达到的成果要求。

2. 专家工坊

组建萃取团队，以 4~8 人为一个小组，其中要有团队引导师，这样才能保证经验萃取的合理进程，进行节点控制。此外还必须配备专职记录员。

3. 复盘流程

（1）团队引导师介绍萃取主题和目的，时间为 3~5 分钟。

（2）情景复原：所萃取主题当时实施的边界条件、环境、影响、难点分析等，时间大概 20 分钟。

（3）个人头脑风暴：在边界条件下当时的具体做法，写出 20 条策略，每条策略必须是动宾结构；每条策略字数规定 6－12 个字。时间为 15 分钟。

（4）小组头脑风暴：可行性策略分析，得出最可靠的策略，时间为 30 分钟。

（5）策略归类：对所有策略进行归类，找到规律。

（6）策略关键路径分析：对每个策略分类重新进行讨论，包括以后实施的边界条件、小白实施的难点、以后遇到障碍如何化解等。

4. 整理记录

专职记录员，把萃取的核心内容进行整理归纳，并编写出操作说明和条件标识。

（二）访谈法

访谈法就是对萃取对象进行正式的谈话工作，在访谈前一般要做如下六项工作：①访谈时间。了解其工作状态，若忙则避免客套。②访谈地点。要安静，适合访谈，最好是独立的会议室。③录音设备。一定要准备录音，方便后期整理。④访谈问题清单。提前准备访谈提纲，并提前发给被访谈对象。⑤访谈礼仪。关键是如何介绍自己和表达清楚本次访谈的目的。⑥访谈开场。要提前准备一个好的开场，因为好的访谈开场能创造融洽的访谈氛围。

具体访谈流程如表 3-2 所示：

表 3-2　访谈流程

第一步：明确萃取主题	不要太大，每次访谈只萃取第三方绩优者一个最主要经验，比如遇到客户提出异议如何处理、如何介绍产品客户有购买欲望等
第二步：列出访谈提纲	访谈前列出访谈提纲
第三步：访谈实施	访谈实施的技巧与要求
第四步：提炼策略与细节整理	完整《经验萃取说明书（标准版）》
第五步：模型构建	梳理策略之间的强关联，同时提炼指导思想——金句
第六步：可读转化	可读性剧本编写

说明：①第一步明确萃取主题与本书中的课程开发主题，可以借鉴 ASP 模型中的主题确定方法。②表中的第二至五步可以同步进行。

表 3-2 的六步中，最关键的是访谈提纲和访谈的实施。下面详细介绍访谈提纲和访谈实施的要求。

1. 访谈提纲

访谈提纲要提前拟定，在拟定访谈提纲时，应同时具备如下四个要素：

（1）场景还原。让被访谈者描述下工作场景。

（2）关注策略。关注实施步骤和流程等关键信息。

（3）细节追问。针对每个步骤进行发问，获取详细的实施细节。

（4）经验确认。查漏，然后对获得的信息进行确认。

下面提供一份详细的访谈提纲：

表3-3 经验萃取访谈提纲

访谈步骤	提问参考	备注
情境还原	针对有效议价，请简单描述下最近一次成功的经历	如果你这样问："你能不能谈谈是如何有效议价的？"对方的可能回答是什么？"也没什么特别的，我就是按照规则办的。"这可能不是你想要的结果
挖掘具体	我们来聊聊这件事： 当时是一种什么情景呢？ 能回忆一下当时的做法吗？ 能再具体说说吗？比如： 首先，你采取什么策略或步骤？ 其次，你具体做了什么？ 最后，做了什么？ 还有吗？	要学会追问
细节追踪	能说说你这么做的理由吗？ 当时你为什么首先采取了这个策略？ 第二步的做法有什么理由吗？ 第三步……（以此类推） 如果，我来按照你这些步骤再来一遍的话，我需要注意什么？	问出理由和注意事项
提炼方法	让我们回顾下这个事情，你听听是否有遗漏的地方？ 你看能否将上述你的做法归纳为……（环节或步骤）？ 你还有什么要补充的吗？	确认与反馈
促进转化	对没有太多经验的员工按照这种方式来做的话，是否可以配备些道具、表单、说话技巧，你能提供或详细说吗？	落地的策略

2. 访谈实施的要求

（1）访前有确认：时间和场地确认。

（2）访中有互动：要和访谈者进行交流。一个问题明白了，再问下个问题，但不要强势提问。不要批判，例："我觉得你这么说是错的""我觉得你这么说是错误的"。

（3）访后有总结：访谈后要总结。在访谈后，访谈者可以给被访者发一封邮件表示感谢。表明几点：①对您今天抽出时间接受访谈表示感谢；②从今天的访谈中，我们在哪几个方面取得了收获；③我们对你哪一方面的技巧或者见解尤为感兴趣，希望下次有机会再约你进行沟通。

（三）材料分析法

所谓的材料分析法，就是根据专家所写的材料进行分析进而得出可实施的具体做法的一种操作手法。

采取材料分析法，一般要关注专家的论文和所写的文章。有些企业要求专家写工作日志，这个也是我们分析的重要工具。

具体做法：

（1）详细阅读材料。

（2）分析材料中的边界条件和环境因素。

（3）用3H模型归纳总结出材料中的专家做法。

（4）有条件的话，可以找同领域专家对所归纳的做法进行验证。

第四章　内容框架，逻辑思路

黑格尔在《逻辑学》上说：没有一门科学比逻辑科学更强烈地感到需要从问题实质本身开始，而无须先行的反思。其实，这里强调的是做事或思考的逻辑性。课程开发也必须具有逻辑性和条理性。

从脑科学角度来说，左脑的功能是控制平衡、掌控语言的语速、概念记忆、数字判断、分析能力、逻辑推理等，右脑的功能是针对音乐、图片、绘画、几何图形的感知以及由此而联发的想象进行控制的，很多有艺术成就的人往往右脑发达。

人在学习的时候，大脑会快速启动，站在左脑角度来说，学员都希望在思考、学习、沟通和解决问题时，思路清晰，有层次。如果受众通过你的课堂而学习你的经验以及你对某一个观点的理解，那么受众将面临一项复杂的任务。哪怕你的课程很短，受众也要理解你的核心内容并同自己的工作进行联系，前前后后反复思考。而且，人类很早以前就认识到，受众大脑会有意识地接收条理清晰的信息，并愿意和某些事物进行关联。而且，对受众而言，所给信息越有规律，受众记忆就越少费时间，而且高效。下面我们做个测试：15秒内能否把如下符号都记住？如图4-1所示。

第四章 内容框架，逻辑思路

$? $※# $? §§# #? $? ※§§? ※#§#§# $

图 4-1 测试图集（一）

一般情况下，15 秒比较难以完成，原因是所给的符号没有规律，条理性不强，大脑需要花费时间去联系和归纳。

但如果我们改变一下方式，效果也许就不同了，如图 4-2 所示。

$$$$$???? ? ※※※######§§§§§

图 4-2 测试图集（二）

显而易见，很多人都可以在 15 秒记住上面的符号，原因是我们已经把相同类别的放在了一起，进行了归类，让这些符号富有逻辑性了。

所以，逻辑地安排课程内容很重要。因为课程通过语言让受众百分百地了解要说明表达的内容，内容逻辑就必须更加清晰明了。这就要求培训师在经验萃取后对内容重新梳理，变成受众学员容易接受的逻辑和框架。这样做，至少有三个好处：

（1）逻辑清晰。课程语言元素之间清晰有条理，而且整体内容框架有层次感，简单明了。

（2）便于学员理解。好的结构具有场景思维，能让受众大脑很清晰地接收，并能产生关联理解，方便学员对新事物的认知。

（3）便于构思和复制。课程内容框架越标准，对培训师来说，课程开发越敏捷。就像麦当劳的薯条生产一样，流程越标准，员工操作的速度越快。这方便了培训师构思自己课程内容。同时，结构越清晰，学员转化给第三方学习者越简单，这称为有套路可以使用。

那么，课程内容框架到底如何确定呢？下面我们先学习一个结构化思维的架构，如图4-3所示。

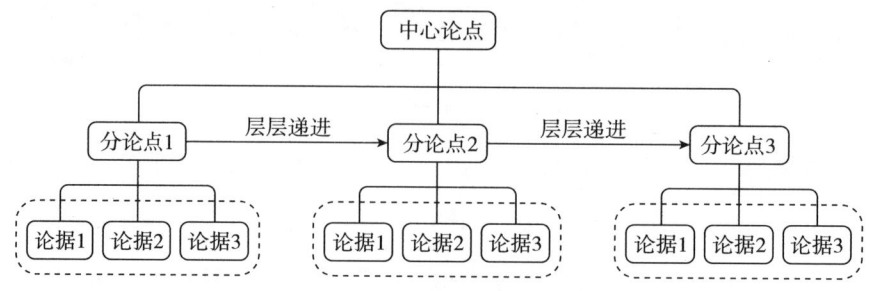

图4-3 结构化思维架构

这个结构最顶层是中心论点，即一段文字的最高思想。分论点1~3都是支撑最高思想的论据。这里标出的只是大概数量，不是一个确数。你也可以写4个分论点，甚至更多，不过最好不要超过5个分论点，不然学员就很难理解和记住。

提炼出分论点后，还需要分解。一般课程，笔者建议至少写到二级目录。根据图4-3所示的结构，我们可以看到这个内容架构有两个层级（分论点是一级目录，分解点是二级目录，标题就是标题，一般不当作一个层级）。

举个例子：现在给你一个【情景】：2019年的某一天，你应邀到×××公司去做一次分享，本次分享的主题是"让我感到幸运的是，我遇到了……"，听了你的分享之后，学员们觉得你的分享太精彩了！你是这样开始的……

面对这个情景，笔者相信很多伙伴可能会紧张，这时怎么办呢？如果你学会了这个结构思维，那么，在脑海中你会有个表达的流程。俗话说，心中有剑就不怕出丑。

如果你选择的题目是：让我感到幸运的是，我遇到了一座高山。

你可以马上采取开门、进屋、关门的方法进行。

事例：让我感到幸运的是，遇到了一座高山。为什么这么说呢？原因有如下三点：

第一点，这座高山的风水不错，在山的旁边有一条小河，有山有水，风水好，俗语说：山不在高，有仙则名。水不在深，有龙则灵。

第二点，山上的景色很美，特别是桃花盛开的时候，景色是相当的美，发生了很多爱情故事，我们村里的很多小伙子、小姑娘经常去山上谈恋爱。

第三点，锻炼我的身体，小时候经常去山上砍柴，每天爬山，锻炼我的身体，我要告诉各位，我很少感冒。

综上所述，风水不错，景色好，锻炼了我的身体，我遇到这座高山，我感到很幸运。

这段话分析的中心思想是：让我感到幸运的是，我遇到了一座高山。

分论点1：风水不错。分解点：有山并且旁边有一条小河。

分论点2：景色很美。分解点：山上有桃花，并且发生了很多爱情故事。

分论点3：锻炼身体。分解点：经常去山上砍柴。

好结构会让人快速复制。但也要活学活用，也可以为使用改造，不然很难应用到课程开发环节中。

如果你请人帮你采购如下食品，你应该怎样应用刚学习过的结构模型呢？

①葡萄；②牛奶；③土豆；④鸡蛋；⑤胡萝卜；⑥橘子；⑦苹果；⑧酸奶。

结合这个例子，我们尝试着改造如下：中心论点改成食品；分论点1改成水果；分论点2改成蔬菜；分论点3改成蛋奶（如图4-4所示）。

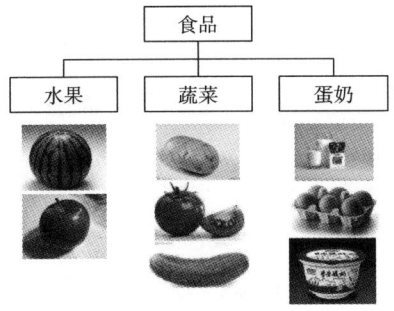

图4-4 改后模型

这就说明一点：学习工具和模型，要学会改造。那么，为了能让这个结构用在课程开发中，我们继续改造：把中心论点改成课题；分论点1改成WHY；分论点2改成WHAT；分论点3改成HOW（如图4-5所示）。

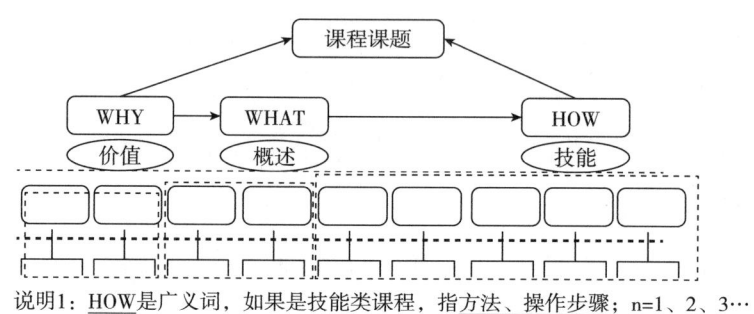

说明1：HOW是广义词，如果是技能类课程，指方法、操作步骤；n=1、2、3…

图4-5 改造模型

WWH模型是培训师课程开发常用的模型之一，而且是经典的课程开发模型，又称为万能型模型，你可以根据自己的课程课题进行改造。下面对这个模型进行详细的解读。

（1）WHY是指课程课题开发的原因，一般涉及课题与学员的关联，包括课题对学员的好处、收获、价值、重要性等。也可以从课题产生的背景原因入手分析，导出所开发课题的价值和意义。

（2）WHAT是指与课题有关的知识内容，就是在课堂上需要学员掌握的应知应会的内容，这里的内容都是为了让学员动手操作所理解的层次。做到知其然和知其所以然。一般包括定义、原理、标准、要素等内容。

在开发WHAT环节内容的时候，需要考虑两点：①刺激回忆；②更新认知。如果单纯刺激回忆，学员就可能会感觉内容简单，没有新内容，所以，在刺激回忆的同时，要学会更新认知。下面举两个例子：

例子1：你要讲《员工必知的工伤认定条件与工伤处理流程》这门课，那么在WHAT这个章节就应该设置：工伤认定条件解读。章节方向定了，如何具体呈现内容呢？这里必须考虑刺激回忆和更新认知两个方面。按照刺激回忆的要求，工伤认定条件解读分解内容是罗列工伤认定情景及认定要求，这个依据来自于劳动法或相关法规，很多学员多少了解些；按照更新认知的要求，分解内容即应该加深对各种认定条件的判定，检验学员是否真正地理解了。例如：在工伤认定条件中有三工认定条件：在工作时间，工作地点，因工作原因发生的伤亡事故可以认定为工伤。你说完后，学员会有大概了解，但你的课程这时不能结束，应该通过真实案例判断的方式更新学员的理解和认知。比如，你可以举三个例子：①你在去上班的路上，广告牌坠落把你砸伤了，是不是工伤；②你正在办公室工作（上班时间），有个陌生人冲进办公室把你打伤了，是不是工伤？③在工作时间内，你正在维修设备，手压伤了，是不是工伤？

这时，你可以让学员根据刺激回忆环节所学进行理解和判断。当然，有不同认知的，还需要你解释清楚。

第一种情景不是工伤，因为不是工作时间发生的，不在工作地点。非工作时间和非工作地点发生的事故，只有一种情况可以认定为工伤，那就是在去上班的路上发生的非你主要责任的机动车交通事故（必须是机动车，马车都不算）。

第二种情景不是工伤，虽然在工作时间和工作地点，但可能不是因为工作原因造成的伤害，比如你上错床了，导致有人要报复你。

第三种情景是工伤，完全符合三工条件。

这样，WHAT环节就讲清楚和明白了。

例子2：你要讲《如何带好班组团队》的课程，你在WHAT章节会讲什么是团队。你给出的内容是：团队是由一群有目标的个体所组成的正式群体。讲完这个后，不能马上结束，应该继续更新认知。可以采取测试的方式让学员加深对团队的理解，比如，下列属于团队的是：①羽毛球兴趣小组；②公司人力资源部；③大学学生会。

分析：第一个不是团队，因为是非正式的；第二个和第三个是团队，符合团队的定义。

(3) HOW 是指与课题有关的技能内容，这个模块要求培训师萃取自己的经验，把最佳实践传播出去，提升受众的工作效率。这个模块一般涉及方法、技巧、步骤、流程等实操类的内容。其实，HOW 部分的工作，我们在第三章学习中就已经按照 3H 模型进行了梳理，这里可以直接使用经验萃取的成果了，当然也可以进行二次修订。

WWH 课程开发模型，每个模块所呈现的侧重点不同，但目的都是为了让学员更好地体验课程内容。模型应用的价值如表 4-1 所示。

表 4-1 模型应用的价值

WHY（课程价值，课程处）	我为什么来这里？
	这个课程跟我有什么关系？
WHAT（应知应会，理解层次）	①刺激回忆
	②更新认知
HOW（主题范围内的经验传播）	讲师是如何做的？
	有哪些经验可以借鉴？

最近几年，笔者辅导过上百家企业的培训师使用 WWH 模型开发企业实用的精品课程。下面举例说明。

(1) 课题：生命的芭蕉扇——常用灭火器使用的技巧，对象是各部门兼职消防员。根据 WWH 模型，课程内容逻辑结构如图 4-6 所示。

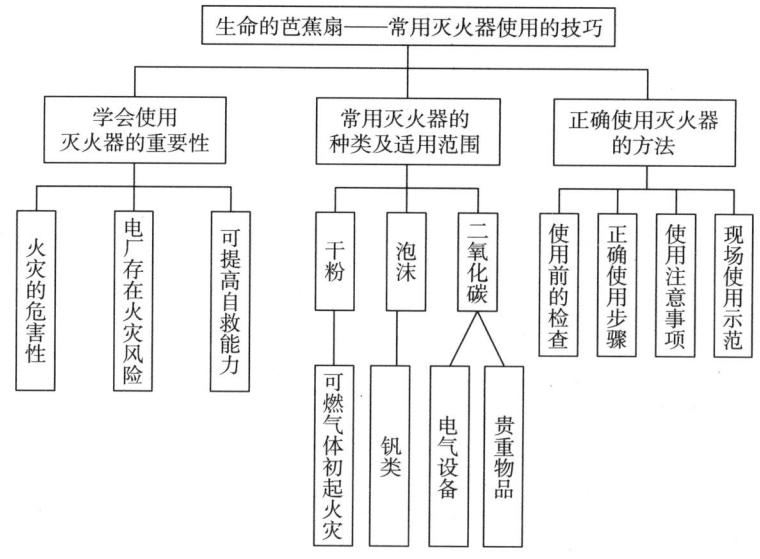

图 4-6 课题一

（2）课题：银行营业厅服务九个一服务法，对象是银行柜面人员。根据 WWH 模型，课程内容结构如图 4-7 所示。

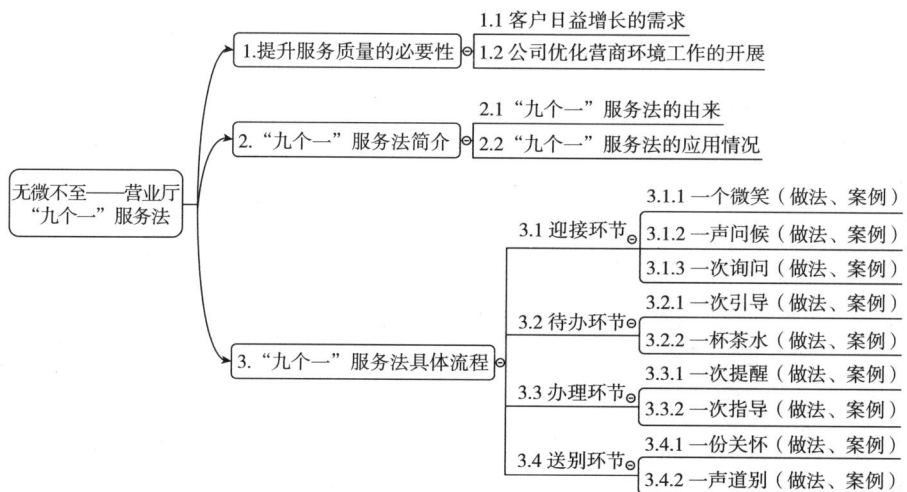

图 4-7 课题二

WWH 模型解决了课程的价值、课程应知应会的内容和学员应该掌握的动作操作技能，特别是 HOW 的部分是这个课程的重点和难点部分。一般情况下，不但要培育学员如何操作，而且要告知学员操作时的注意事项或异常情况该如何处理。这样 WWH 模型就变成了 WWH1H2 样式了，这里的 HOW1 指的是正常的技能和方法，HOW2 指的是如果情况变了，怎么办，如果有异常如何处理。如图 4-8 所示。

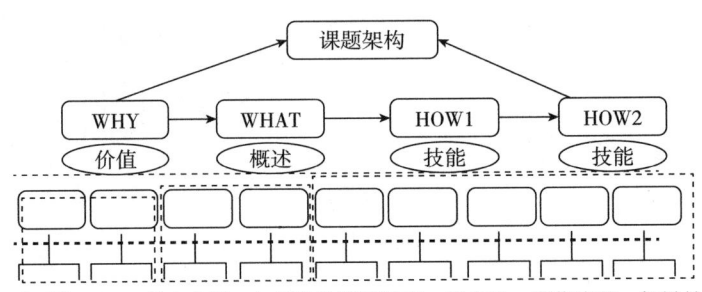

说明①：HOW 是广义词，如果是技能类课程，指方法、操作步骤；如果是偏知识类课程，HOW 指理解要点、注意事项等；②问题和策略最好对应。采取问题—策略的方式

图 4-8　WWH 模型变异：WWH1H2H3 等

HOW2 经常使用的关键词包括异常情况、注意事项、误区点、坑点、错误点等。

例如，课题是"顶礼陌拜"——第一次陌生拜访使用技巧，对象是销售代表。WWH1H2 架构如图 4-9 所示。

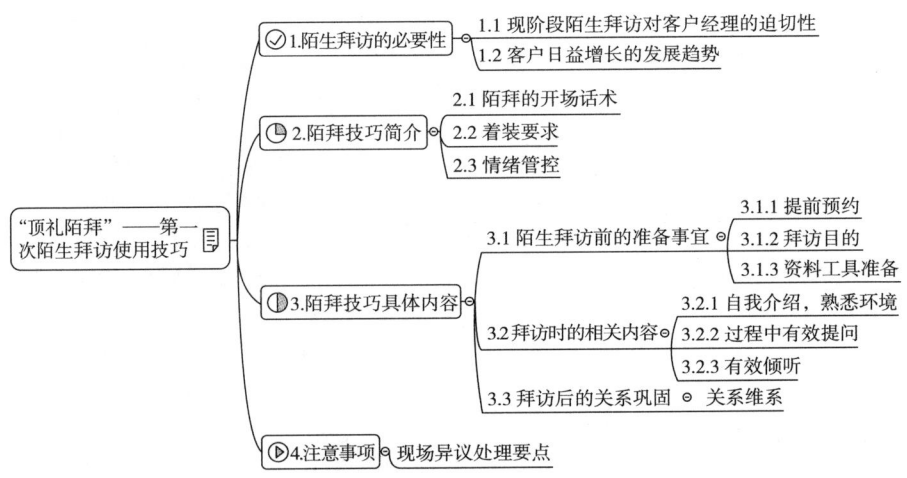

图 4-9　WWH1H2 架构

第四章　内容框架，逻辑思路

学习练习。请结合表4-2的核心内容，梳理出WWH的框架结构。

表4-2　卖旧车前的准备

卖旧车前的准备
①修理坏的雨刮器
②买新的车内地毯
③写报纸广告稿
④买新的车内顶灯
⑤修理车身凹陷处
⑥将锈斑喷漆
⑦写后窗售车广告
⑧写公告板的售车海报
⑨对车内吸尘

参考答案如图4-10所示。

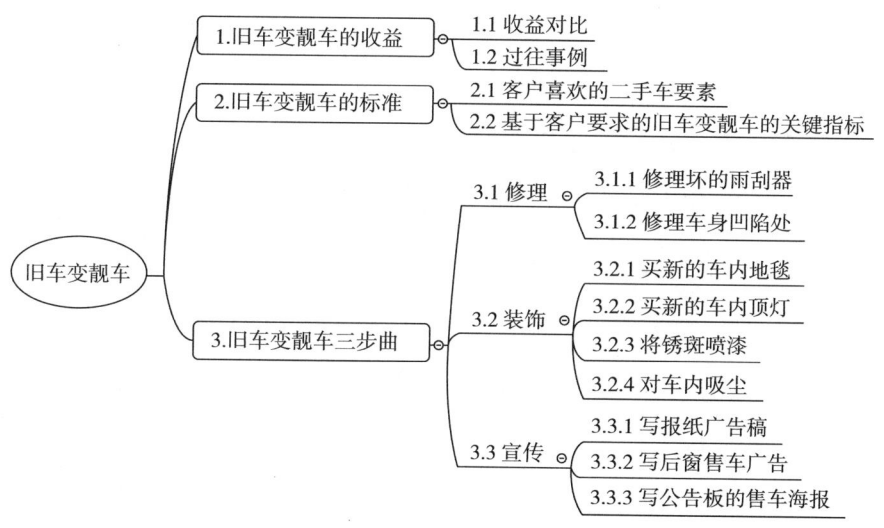

图4-10　参考答案

本章作业：请结合所学，结合自己的课题和经验萃取内容，梳理出符合WWH的课程架构。

第五章　课程目标，大纲编写

企业内训的课程大纲具有承上启下的作用，一方面让企业组织方能够清晰地认知讲师所开发课程的内容脉络，另一方面参与课题学习的学员给予清晰的内容指导。同时，也是对培训师授课内容评估的要件之一。

课程大纲具备二次梳理课程内容的功能。可以从如下两个维度重新梳理：①还有哪些内容是学员必须要学习的？②这些内容按照什么顺序进行呈现最为合适？一般学员对内容的需求分为三个层次：一是学员可以了解的内容；二是学员应该了解的内容；三是学员必须了解的内容。针对内训课程的特点（时间短需要聚焦），选择学员必须要了解的内容。

课程大纲在经验萃取、课程框架基础上形成，是课程开发内容构思阶段重要的成果。一般课程大纲包括如下要素：①课程名称；②课程时长；③课程对象；④课程目标；⑤课程纲要；⑥设置理由等。

课程大纲是讲师对课程内容重构和要素完备的载体，是制作PPT的内容依据（这个阶段设计教学形式，其实是误区，因为同一时间只能做好一件事情）。

课程名称就是课程课题，这个要素是在课程开发第一个环节就确定的，课程课题确定要符合三个要素：对象、业务模块和聚焦点。

课程时长：企业内训课程授课时长一般在 2 个小时左右，应根据具体内容锁定相对精准的时间，尽量控制在学员能接受的范围内。

课程对象是在课程课题确定前就已经确定的。它是整个课程的关键要素，不同的对象所需要的课程内容不同，必须先精准对象，才能确定课题。而且，对象是整个课程内容开发层次的评估依据，课程所开发内容要贴近对象的层次和需求。

课程目标是基于课程内容所要达到的教学任务标准。它是检验课程是否成功的出发点，也是落脚点。本章将详细分享课程目标设定的技巧和方法。

课程纲要是经验萃取和课程 WWH 架构的综合环节。这个是课程开发的灵魂阶段，如果在这个阶段能很好地反思和总结，那么课程内容就会受到学员的喜欢和接受。

设置理由是指内容设置的思考维度，理由一定是基于对象的需求的，这样做，理由才能充分，课程内容才适用和落地。

课程大纲的核心要素中，课程目标是教学活动的出发点和最终归宿，而且上课时尽量告诉学习者课程目标，将学习者的注意力集中到学习目标的关键点上。让学习者知道会发生什么。

让他们知道应该努力达到的能力层级，并相应为之努力。

课程目标描述的特点：①具体；②对象明确；③直接简明；④贴近课题内容。例如，学习者应能够陈述 JavaScript 适合作为特定任务的开发工具，并给出理由。

结合课程目标设定的特点，提供一个经典的课程目标设定的方法：ACBD 法则。

A——Audience 对象，表述句中的主语：学习者。

C——Conditions 条件，在什么条件下产生，是课程当中的某个内容点

（知识点或技能点），这里要特别说明：条件是课程内容，一般课程内容有若干知识点，所以，据此可以写出若干课程目标。

B——Behavior 行为，学习后能做什么，谓/宾语。

D——Degree 程度，明确行为的标准。

举例：<u>企业内训师在多次演练单元构造结构化表达法后，</u>
   （对象）   （条件）

<u>能将课程中的关键词清晰有层次地表达出来，清晰度达 90%。</u>
  （行为）   （程度）

举例（请根据所学画出 ACBD 要素）：日语 1 班学员通过学习 50 音图，可以正确读写 50 音图，正确率达 90% 以上。

举例（请根据所学画出 ACBD 要素）：日语 1 班学员通过学习儿歌三部曲，可以独立完整地唱出日文版的幸福拍手歌。

课程目标一般分为认知目标和技能目标。认知目标是指学员对象对知识内容所掌握的水平，一般使用记住、描述、理解、背会等动词实现；技能目标是指学员学习后能动手操作的行为或要完成的任务。一般使用模仿、操作、完成、创造等动词实现。

结合图 5-1 理解，学员学完课程内容（C），达到了 C 的认知水平或还是停留在 C 的认知层次，就是认知目标。如果学员学完课程内容（C），能独立完成一项任务（B），就是任务或技能目标。

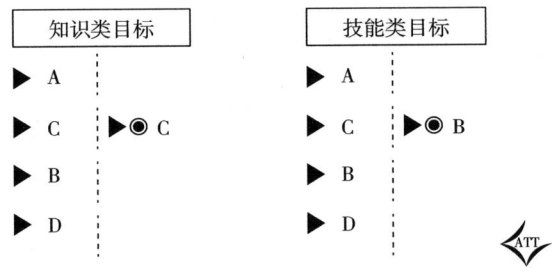

图 5-1 知识类和技能类目标 ACBD 法则的应用

第五章 课程目标，大纲编写

那么，你可能会问，如何使用 ACBD 法则写出认知目标和技能目标呢？下面举例说明：

举例1（用 ACBD 法则写出认知目标）：班组长通过班组问题分析章节学习，能准确说出 3 个班组常出现的 3 个问题。（而学员能说出来，是老师灌输的，不代表学员自己发现的）

举例2（用 ACBD 法则写出认知目标）：班组长通过学习事故处理技巧，回到班组后，能独立分析出班组存在的故障隐患。

这样一来，通过本章的学习，课程大纲六大要素就可以独立完成了，下面是一个课程大纲范本，如表 5-1、表 5-2 所示。

表 5-1　课程大纲范本

培训对象	变电运维人员	课程名称	《"盘他"话术》——提升新员工柔性话术沟通的技巧
培训方式	授课+实操	考核方式	实操
培训课时	2 小时	最佳人数	20

一、课程简介

简述柔性话术使用的意义，通过对各类通话场景下客户沟通不满意原因的分析，详细介绍在通话的各个阶段如何熟练地运用柔性话术

二、培训目标

1. 知识类：话务代表通过学习投诉处理的柔性话术"四步法"后，能够掌握柔性话术使用的技巧

2. 技能类1：话务代表通过学习柔性话术三大使用场景后，能够在处理投诉时使用柔性话术，满意度提升1%

3. 技能类2：话务代表通过学习投诉处理的柔性话术后，能够在通话中适时使用柔性话术，成功率达90%

三、参考资料

无

四、设施要求

➢ 教室及授课设备，包括投影仪、激光笔、白板

➢ 录音笔

表 5-2 课程章节索引

章节目录	设置理由
1. 柔性话术使用的意义	—

1.1 客服案例分享
    1.1.1 苹果客服案例分享
    1.1.2 案例分析
  1.2 柔性话术使用的重要性
  1.3 热线柔性话术案例分享
	—

2. 柔性话术使用的场景	—

2.1 客户不满的原因
    2.1.1 对资费不满
    2.1.2 对服务不满
  2.2 客户咨询类
  2.3 客户投诉类
	—

3. 柔性话术的使用技巧	—

3.1 倾听
    3.1.1 有效倾听
    3.1.2 抓主诉
  3.2 先处理心情，再处理事情
  3.3 表达信心
  3.4 处理问题
	—

第六章　课程课件，排版美化

PPT是现代职场必备工具之一，掌握PPT制作技能，有助于提升职场竞争力。但在课程开发过程中，PPT只是内容视觉化呈现的一种方式，而且是主流方式，当然还有漫画、手绘等方式。所以，在这个环节，我们假设课程课件制作人员对PPT制作的基本功能已经掌握。在本章，我们只是告诉企业培训师如何快速制作与美化课件，以帮助培训师缩短制作课件的时间。

结合企业培训师制作PPT的特点（一般都是兼职制作，利用业余时间），我们梳理出快速制作课件PPT的三环节和一规范。如图6-1所示。

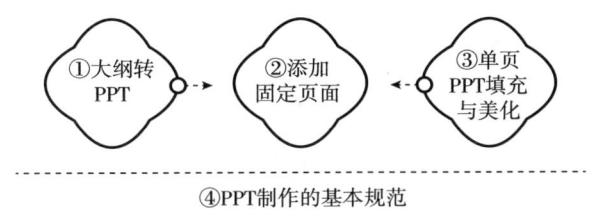

图6-1　三环节和一规范

一、第一环节：课程大纲转 PPT

当课程大纲完成后，我们可以利用 Word（特别说明：必须是微软 OFFICE，金山 WPS 目前不能实现）文档本身的功能，通过简单设置就可以快速转化成简易的 PPT。具体操作步骤如下：

第一步：把课程大纲中的章节目录这一列（见第五章课程大纲范例）复制粘贴到一个空白的文档。注意事项：只保留文本（不要表格）。

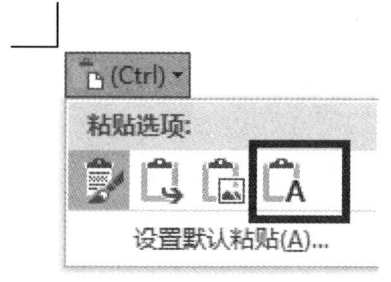

图 6-2 第一步

第二步：需要对 Word 文档进行设置，具体设置需要考虑微软 OFFICE 的版本：

（1）版本是微软 Office 2003 版，操作步骤是文件—发送到—PowerPoint；

（2）版本是微软 Office 2007 版及以上的，设置如下：文件—选项—自定义功能区—点击右侧的常用命令—选择不在功能区的命令—选择发送到 Microsoft PowerPoint—点击添加（Office 2007 版点击左上角的文件图标后，找到

Word 选项即可进行后续操作)。

注意事项:如果点击添加不成功,具体情况如图 6-3 所示。首先关掉这个提醒,其次选择新建选项卡,最后点击添加即可。具体步骤如图 6-4 所示。

图 6-3 提醒

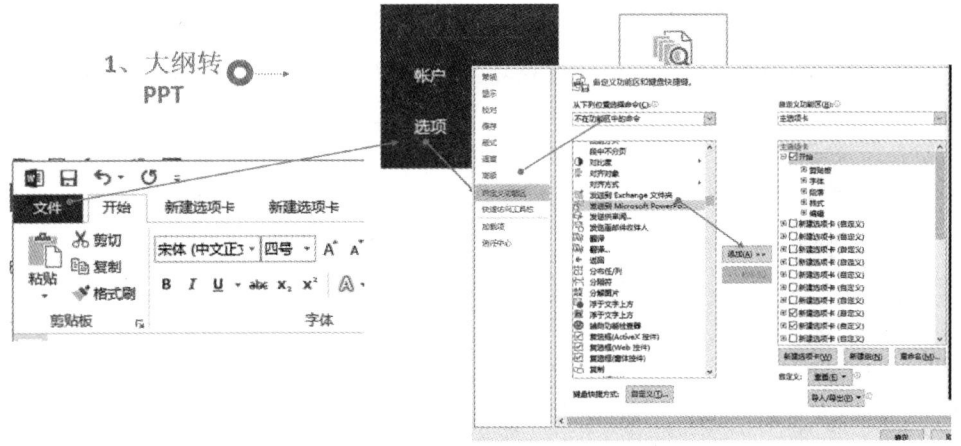

图 6-4 第二步

第三步:点击 Word 文档功能栏中的新建选项卡,然后点击发送到 Microsoft PowerPoint 就可以生成一个简易的 PPT 了。

图 6-5 第三步

说明：如果使用 Office 2007 版，按照上述步骤操作后，在 Word 工具栏上方的左上角会出现一个新的图标（发送到微软 PPT），点击即可发送（耐心寻找）。

这种方式可以节省培训师在制作课件 PPT 时复制粘贴的时间，同时按照这种方式生产的 PPT 逻辑思路很清晰，又很好地使用了第五章课程大纲的成果。

上述操作教学视频资料下载链接：https://pan.baidu.com/s/1jHbhcDQtL3QvzMgGfW9etg（密码：n18l）

二、第二环节：PPT 固定页面的搭建

课程课件 PPT 作为内容逻辑呈现的载体，具有固定的页面要求，一般一个完整的课件包含如下页面：封面页、目录页、章节过渡页、内容页和结束页。如图 6-6 所示。

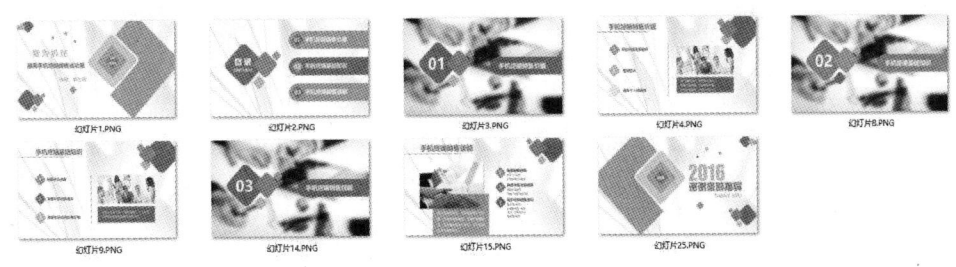

图 6-6　PPT 固定页面的搭建

课程课件固有页面的添加方式很多，可以用 PPT 本身的功能和素材进行制作，可以通过网络搜索范例进行借用。当然也有更便捷的方法，那就是用 PPT 插件。PPT 插件很多，如 islide、口袋动画、美化大师等，前两种有很多收费的项目，美化大师免费的素材比较多，是升级前的口袋动画。下面针对美化大师插件如何使用做个详细的说明。具体操作步骤如下：

（1）首先百度搜索美化大师，并进行下载，然后安装。或按照如下链接进行下载：https：//pan.baidu.com/s/1-SN5JyBY4002w875mwUyxQ（密码：r2o8）

注意：安装成功后，要关掉所有打开的 PPT，然后重新打开 PPT，那么在 PPT 功能栏中就有了美化大师这个插件。

（2）点击美化大师，选择更换背景，可以选择你喜欢的封面模板。如图 6-7 所示。

说明：如果使用已有的模板，例如公司已有模板，可以采取如下步骤：

1）把模板复制粘贴到刚刚生成的简易 PPT 第一页位置，记住要选择保留原格式。

2）按住 Shift 键，全部选中非模板的 PPT 右键单击—板式—选择刚刚复制的模板即可。建议选择仅标题这个模板形式。

图6-7 嵌入美化大师插件

（3）目录页、章节过渡页、内容页和结束页可以在美化大师的幻灯片中找到。如图6-8所示。

可以点击右边的功能栏选择你要的素材，比如目录等。

图6-8 素材选择

三、第三环节：PPT 单页内容填充及美化

课程课件的框架搭建好后，就需要对正文页进行内容完善和美化工作了。PPT 单页内容填充是课件 PPT 制作的关键环节。在此给大家提供一套 PPT 单页内容填充和美化的方法。具体有三个步骤：

（1）写备注，根据当页标题完善内容，先把具体内容写在 PPT 编辑页面下方的备注中（如果找不到，在 PPT 右下方有备注功能，点击即可）。如何写备注呢，可以采取虚拟一问一答的方式，假设有人问你问题，你把回答的内容写在备注中（尽量口语化），但要初步组织语言，保证语言的流畅性。

（2）提炼关键词，根据备注内容，提炼要给学员记录或记住的关键词，尽量保持 PPT 文字精练，不能要讲的语言都写在 PPT 正文上。

（3）视觉化关键词，对关键词在当前页进行视觉化，要么图形化，要么图表化，要么图文化。要保证画面是整洁和图文并茂的。说明：图文并茂的图可以是图形，也可以是图片。

举例说明：当前页标题是 5S 的概述。

第一步，你可以假设有学员问你（请问老师，什么是 5S），你回答的内容如下：5S 起源于日本，就是整理（SEIRI）、整顿（SEITON）、清扫（SEISO）、清洁（SETKETSU）、素养（SHITSUKE），简称为 5S。5S 运动提出的目标简单而明确，就是要为员工创造一个干净、整洁、舒适、合理的工作场所和空间环境。5S 的倡导者相信，保持工作环境的干净整洁，物品摆放有条不紊，一目了然，能最大限度地提高工作效率。

以上文字写在 PPT 备注中。

第二步，提炼关键词，我们找到上面文字的核心内容是整理（SEIRI）、整顿（SEITON）、清扫（SEISO）、清洁（SETKETSU）、素养（SHITSUKE）。

第三步，对这些关键词进行视觉化。如图 6-9 所示。

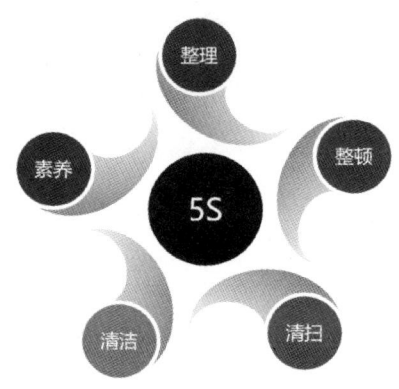

图 6-9　5S

下面再举一个例子，让各位更加清晰地了解单页美化的三个步骤，如图 6-10 所示。

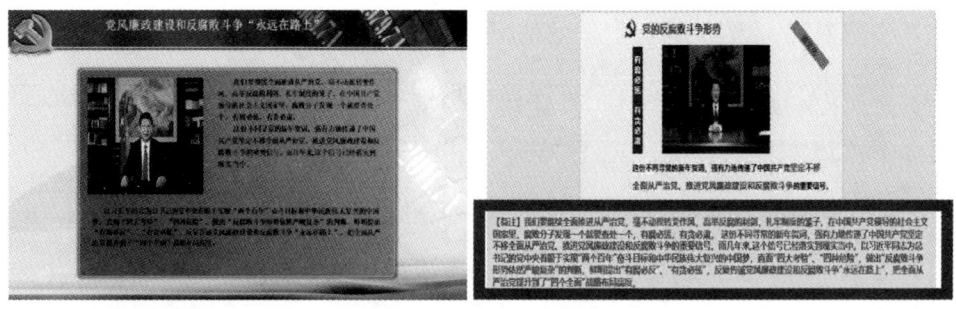

图 6-10　单页美化

说明：首先把全部字体放入备注中，然后提炼关键信息并放入 PPT 页面中，最后进行美化处理。

四、规范：PPT 制作的基本规范

课件 PPT 制作经常出现的问题有：①文字多；②文字太小；③图文不一致；④不整洁，排版混乱。

课件 PPT 制作规范要求如表 6-1 所示。

表 6-1 PPT 制作规范

规范要求	具体原则
规范	①字体尽可能使用 1 种（统一使用微软雅黑）（强调关键词可以使用其他字体） ②序号正确，不能断号 ③字体大小符合规范要求（见 PPT 文字要求） ④图片要支撑文字，和文字有关联性
视觉	①图文并茂，可以采取图形文字或"图片+文字"的形式 ②单页素材颜色不能超过 3 种，尽量使用 1 种主色调 ③整体风格一致，主色调一致
动画	①不使用页面切换，不自动播放 ②少用动画，动画不要太多（根据需要设置）

说明 1：课件 PPT 文字大小，我们建议按照如下要求进行设置：

（1）PPT 封面标题：40~44 号字体，字体类型使用微软雅黑。

（2）PPT 封面讲师：28~32 号字体，字体类型使用微软雅黑。

（3）PPT 目录页：32 号字体，字体类型使用微软雅黑。

（4）PPT 章节过渡页：32 号字体，字体类型使用微软雅黑。

（5）PPT 正文页面的要求如图 6-11 所示。

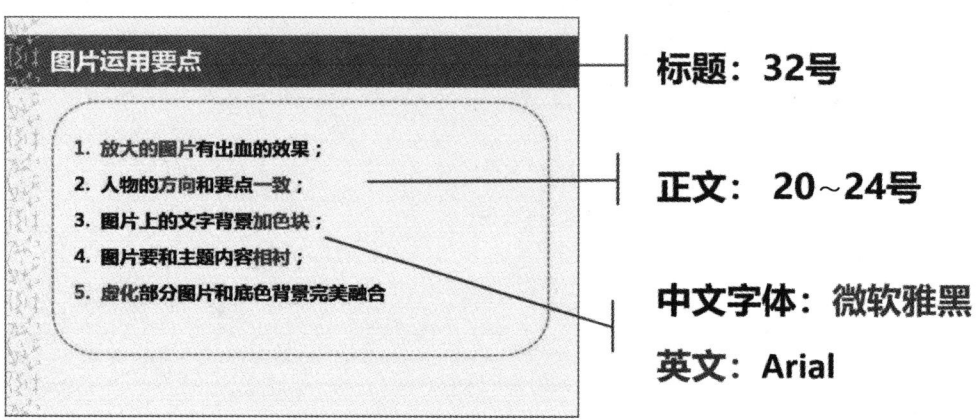

图 6-11　正文页面的要求

说明 2：常用教学 PPT 快捷键：

（1）放映第一张 PPT：直接按 F5。

（2）放映当前 PPT：Shift + F5。

（3）黑屏：按 B（在放映的情况下按）。

（4）白屏：按 W（在放映的情况下按）。

（5）跳跃 PPT：PPT 编号 + Enter（在放映的情况下按）。

小贴士

　　课件PPT制作需要耐心，最好保持原创，避免洗剪吹的习惯。同时PPT制作技能需要不断地积累，建议不断地学习有关PPT制作的技能和动手实践，提升课件PPT制作水平。

下面就培训师在制作课件PPT中常用的几种功能做操作说明。

（1）抠图。PPT有抠图的功能，但只能对简单的图片进行处理，一般是对纯色背景的图片进行抠图。如图6-12所示，要把左侧图片的背景去掉，可以采取如下操作步骤。

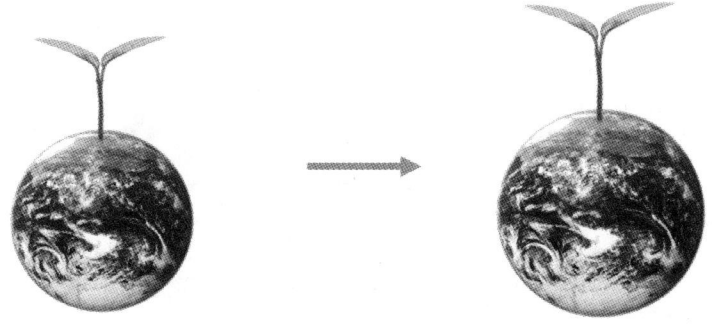

图6-12　抠图效果

1）点中左侧的图片。

2）选择工具栏中的"格式"。

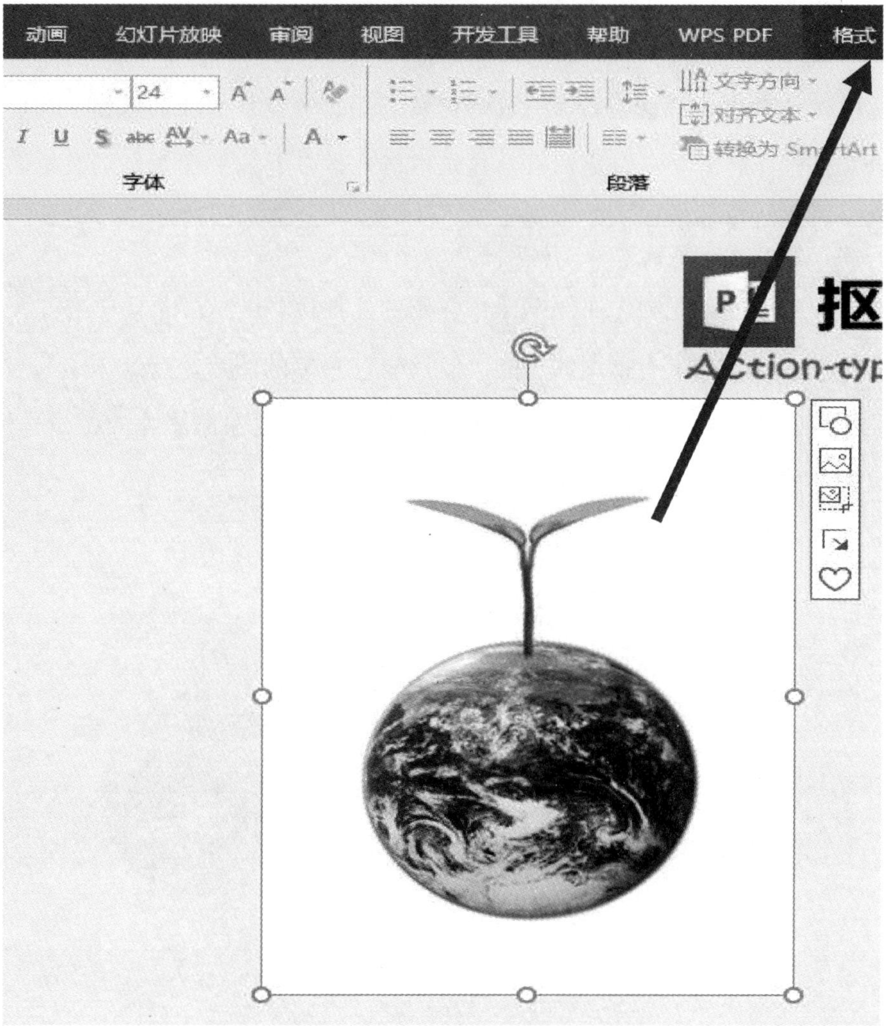

图 6-13 格式

3）选择左侧"删除背景"功能。

图 6-14 删除背景

4）调整要删除背景的区域，点击 PPT 空白处即可。

说明：版本升级到 OFFICE2013 版以上方可操作成功。

（2）插入视频。

插入视频的步骤如下：

1）点击"插入"。

2）选择"视频"。

3）选择 PC 上的视频。

4）在本地硬盘找到你要插入的视频（必须是 MP4 格式）。

5）插入成功后，选中视频。

6）点击工具栏右侧的"播放"。

7）设置"全屏播放"即可。

如图 6 – 15 所示。

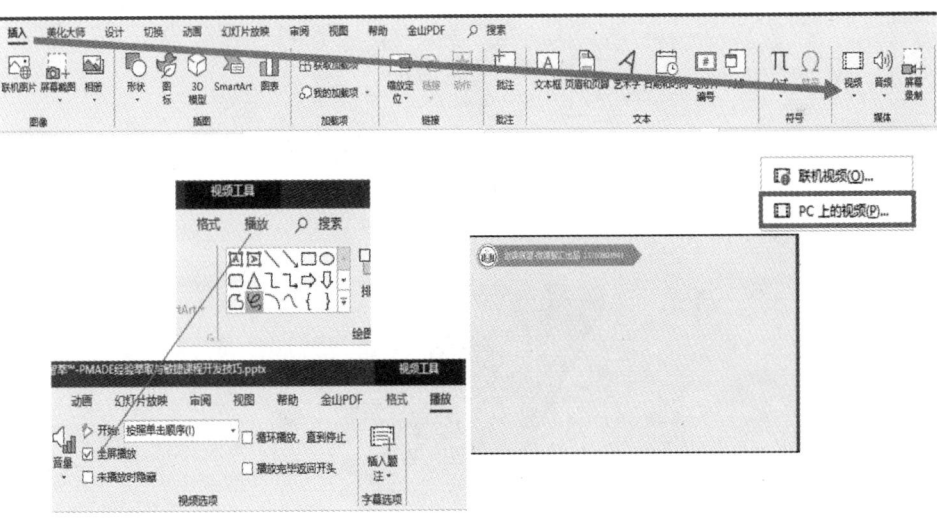

图 6 – 15　插入视频

（3）除去图片水印

很多培训师通过百度寻找图片，有些图片有 LOGO，影响美观，有时也有广告嫌疑，所以，建议去除。但很多培训师不会 PS，着实比较麻烦。现在不用发愁了，笔者推荐一款除去水印的神器，那就是水印图片处理器。获取地址：https：//pan.baidu.com/s/13M5jdUFitwa_ Qwxeu9Bg0Q（密码：0uzt）。

图片处理器具体操作如下：

1）双击打开软件（不用安装，直接启动即可）。

2）点击"导入"图片功能（带有↓的图标），如图 6 – 16 所示。

图 6 – 16　导入

3）导入图片后，用红色按钮涂抹水印处。

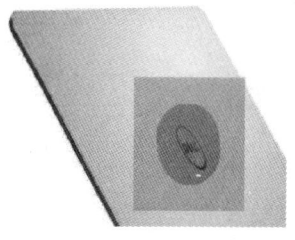

图 6 – 17　涂抹水印

4）点击"处理图像"即可。

图 6-18　处理图像

本章作业：根据本章所学内容，请自行制作一份课程课件，有问题，请添加笔者微信（见封底二维码），联络互动。笔者可以针对读者问题进行解答。

第七章 成人学习，教学设计

提到教学设计，往往会想到学校老师的教案。其实，这两者是有区别的，至少服务的对象就不同，老师的教案主要服务的对象是学员，教学设计的服务对象是职场人，是成人。

所以，笔者认为教学设计本质是在分析教学课程内容的时候运用系统的方法，确立教学的目标，建立一套解决教学环节中各种问题的方案。培训师在授课过程中可以通过教学设计把握整个教学活动，以实际教学情境和教学对象作为教学重点，找寻特点予以实施可行的教学活动，进而顺利开展教学活动。成人学习与孩子学习之间存在很大差异，在教学设计中要明确它们之间的差异，以成人学习理论为基础的教学设计应更加注重解决问题的能力，以及在工作生活中的实用性。

传统形式的课堂教学往往是生成性的，应适当地将学习自主性下放到学员手中。从成人学习的角度而言，他们学习的根本动力就是碰到工作中难以解决的问题，需要不断丰富知识体系，学以致用以提升解决问题的能力。基于这个原因，培训师在确立实际教学目标的时候，需要特别注重培养学员解决实际问题的能力，为学员解决在实际生活中遇到的困难提供导向，让整个

第七章 成人学习，教学设计

教学活动的目标个性化和具体化，有机结合教学大纲的规定，灵活地制定教学目标，让学员能够在学习中充分满足个人需求。融合教学目标的开放性与规定性，保证教学活动得以顺利开展。

成人教育的特殊性要求教学内容不断更新，精简内容的同时更加注重解决问题能力的培养，同时充分结合实际生活。目前的成人课程教学内容和教材，大多已经形成固有的模式，脱离了学习的实际意义，老师在授课过程中的很多内容难以与实际工作相联系，导致课程空洞，失去趣味性和有效性。科学技术发展日渐加快，在教学中要充分培养学员的社会适应能力，特别是社会工作基本能力，在详细划分成人教育专业的同时要增强不同学科之间的交叉融合，这样更加有助于培养具有专业能力的复合型人才，同时也可以开设一些跨学科和跨专业的新型专业。国外这方面有很多值得我们借鉴的地方，可以去粗取精为我们所用。设计教学内容的时候，要与信息技术相结合，毕竟我国"互联网+"形势正在如火如荼地发展，教学课程要及时与新科技新知识相融合，更新教学内容。这样才能保证成人教育的授课内容得以调整，满足学员的实际需求，具有实用性和实效性。很多学员在接受教育的时候已经形成了自己的一套经验，教学内容也可以根据实际情况合理引用。因为，在设计教学内容的时候要以现实生活作为根源，以丰富多彩的实际生活案例展示教学知识，丰富教学内容。

成人在学习上与孩子已经形成了很大差异，成人学员已经拥有了比较成熟的心智和理解能力，甚至有的学员有了较为丰富的实践经验，在学习上主动性也比较强。所以在教学过程中可以将课堂的主导权收揽在老师的手中，教学活动让学员作为整个活动的主体，老师引导学员开展各种不同形式的活动。活动内容制定时要综合学员的实际需要和已有的经验，将教学任务融入其中，鼓励学员对遇到的问题自主商量解决，通过收集资料，组织小组对资料探讨分析，以得到最佳解决方案。每一位学员的思想在讨论中可以被充分吸收，不仅可以拓宽学员的视野，也能够提高学员解决问题的能力。老师在教学中要针对学员讨论的情况主动给予指导，激发学员学习动力，满足不同层次和不同类型学员的要求。

教学过程中要特别注重参加学习的成员已经形成的工作经验，引导学员将形成的经验与学习环境相互联系，解决在现实工作中亟待解决的问题，让学习内容以实际生活为基础，通过各学科之间的融合增强学员的知识储备和处理工作事务的综合能力。每位学员的经历不同，背景不同，在学习中的表现也不尽相同。老师要努力挖掘学员自身的潜力，因材施教，使学员创新能力和思维能力得到综合性提升。

成人教育教学设计相较于孩子在学校的教学设计要更加注重实际生活中的知识实用性，对教学目标、教学内容、教学过程和教学评价的设计工作，都应该立足于社会实践，注重增强学员对知识的反思能力和灵活应用的能力。以成人学习的理念作为教学设计的基础，结合成年人在学习中的特点，会更加强化教学内容的实用性，满足学员的工作生活需求，让成人教育起到真正的指导作用。

在企业内训实际操作中，课程课件完成后，很多内部讲师就认为完成了课程开发的工作，其实，我们还要考虑内容如何讲出去，就是采取什么方式讲学员更容易接受、理解。这个思维符合课程开发的公式：内容和形式的关系。但形式的设计必须结合学习受众。让学员快乐地学习是培训师重要的使命。

所有的学习都在于学员自己。开始本章学习之前，请各位欣赏三幅图片（见图7-1至图7-3）。

第七章 成人学习，教学设计

图 7-1　图片 1

图 7-2　图片 2

· 77 ·

图7-3 图片3

这些是笔者在课堂上让学员画出的自己心目中的讲师形象。当然了，学员不同心中讲师的标准也不同，就像读《红楼梦》，一千个人眼中有一千个林黛玉一样。但总结来说，有共性的内容，比如：培训师要具备职业形象，拥有丰富的知识和经验，同时具备一定的授课能力等。可以这么说，只要你站在讲台上，就要受到学员的检阅。

既然你选择做培训师了，就不要怕这种检阅，如何才能不怕呢，在于每堂课快速进入讲师的角色,这就很重要。不过,塑造角色需要修炼,甚至磨炼。就像西游记里的各路妖怪一样,想成仙,就必须修炼上千年。当然了,讲师倒不用修炼千年,但需要时间的检阅,需要经历和实践。俗语说,时间磨炼一把剑,这句话一般情况是对的,但如果没有目的和方向的磨炼,一辈子也只能是铁,成不了钢。

所以,讲师在修炼的时候,必须知道基于什么要素去磨炼,笔者认为这个要素就是内容和形式。

一、形式环节设计

在第一章中,我们提到内容就是符合学员的需求,讲学员想听的知识、技能和问题,也就是要满足学员的求知欲望和需求。这需要讲师对学员的需求做调研和分析。形式要轻松、好玩、幽默。学员喜欢的课堂形式有哪些呢?

通过问卷调研,我们得出的答案如表 7-1 所示(按照 10 分制统计):

表 7-1　学员喜欢的课堂形式

序号	喜欢的授课方法	分值	排序
1	演练或模拟的方式	9	1
2	视频	8	2
3	图片 + 段子	7	3
4	游戏	6	4
5	案例	5	5
6	讲述	4	6

说明：本表格为一次调研的统计结果，仅供参考！经过授课实践，笔者认为统计结果基本属实。

其实，不论是内容的需求分析，还是形式的多样好玩，都是针对学员的，而不是以讲师为出发点。意思就是说，不能以讲师的喜好为主导，应该以学员为出发点。

可见，学员是课堂的中心，从这个角度来说，了解学员显得非常重要。学员是如何学习的呢？20世纪70年代，美国一所大学的教授注意到对成年人的教学方法大多数效果都不怎么好，这种方式就是让大家记住并使用课堂上的内容：讲授、阅读、测试、布置作业，但成年人采用这些方法学习收效甚微。关于成人是如何学习的问题，最基本的理解，笔者认为是这样的：所有的学习都包含两个过程，这两个过程都进行或调动起来，我们才能学到点什么。一个是学员和环境互动的过程；一个是心理的接受过程，这个发生在学习中的激情和影响中。接受的表现特征是将新的知识与工作联系起来反思总结。

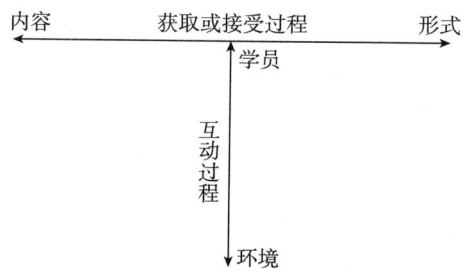

图7-4 内容与形式

笔者从两个方面来详细说明学员是如何学习的，第一个是学员的学习特点；第二个是学员的学习行为。

美国社会心理学家、教育家，著名的体验式学习大师大卫·库伯，在他的著作《体验学习：体验——学习发展的源泉》（Experiential Learning：Experience as the source of learning and development）中提出了颇具影响力的体验学习概念。并且，他把体验学习阐释为一个体验循环过程：经验—反思—形成抽象的概念—实践与总结，这个又叫库伯学习圈。

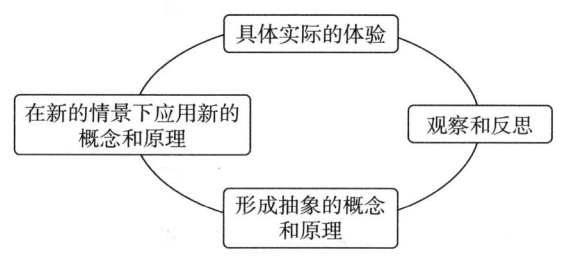

图 7-5　库伯（Kolb）经验学习圈

从库伯学习圈中我们可以看出，库伯已经假设成人学习一般是带着经验来的，不是一张白纸。经验决定思维和接受的习惯。

如果大家还不清楚这个意思，我们可以通过小测试来说明，这个测试在开始的时候不准提问，测试内容如下：

（1）每个人在空白的纸张上写英文字母，记住不是单词，是字母，按照英文字母的顺序写。

（2）需要给字母加上一个圆框。

大家做做试试，然后拍照发过来看看。

大致有两种结果，如图 7-6、图 7-7 所示。

图 7-6　测试一

图7-7 测试二

为什么会出现这样的结果,除了笔者讲的不是很清楚之外,其实,大家的理解也不同。为什么理解不同,理解是思维决定的,思维模式往往受经验的影响。

成人学习的第一个特点是:经验,即成人是带着经验来的。所谓的经验就是在生活中经过多次实践得到的知识或技能,成人一般具备生活或工作知识和技能。

成人的这个学习特点,给我们的启发是:

(1)不要把课程内容设定得太难或太简单,使其失去兴趣。

(2)使用的词汇、语言风格、事例和参考资料应该是学习者熟悉的。

(3)从学习者中取得案例,从而丰富课程内容,在新知识和旧知识之间架设桥梁。

(4)一旦你的授课内容不清晰、不标准,学员就会根据自己的经验和思维习惯去理解,这样就会产生歧义和误解。

在企业做培训和在学校做讲课有什么不同呢?就是学习动力不同。在企业,很多学员不是主动来学习的,而是被动的,甚至是临时被选进来的。可想而知,学员在课前都不知道要干什么呢,很迷茫,在这种状态下,自然也没有什么想法,有讲师讲得好就听,讲得不好就打打酱油的感觉。

成人学习的第二个特点是:缺少主动。作为培训师迎合这个特点的关键是引起学习者的兴趣。当然,引起兴趣是有难度的。这个特点给我们的启发是:

第七章 成人学习，教学设计

（1）课程开场要富有激情和幽默，用轻松的吸引力的方式，让每个人都进入状态。如何做开场，在后续的课程中，我们会详细介绍。

（2）提出新的见解。在第一个特点中，我们知道，成人学习是有经验的，你如果说的全是他们知道的，或和他们完全一样的认知，那么就会失去吸引力（这个需要提前知晓学员的经验水平）。所以，有创新性的观点可以激起学员学习的动力和好奇心。

（3）在课程中，请他们与大家分享自己的观点、建议、解决方案、信息和事例。他们贡献得越多，越能融入学习过程中。

在课堂上，一旦培训师调动起学员主动学习的欲望，那么学员就会对学习的形式有进一步的要求。这个要求是对课堂内容应用与真实环境的要求。真正的行为改变是因学员学习的内容与应用环境的结合而发生的。在应用维度上，环境是框架，行为的改变是学员与环境相关联的事务。

意思很明显，如果你的课程内容与学员真实应用的环境离得太远，那么你调动起的学习欲望会随着时间的推移而慢慢消失，甚至出现脑死亡。

将学员工作的环境或场景作为课程内容的必要要素纳入其中，这是情景化教学的动力需要。

也就是说，课堂上设置的场景越贴近学员工作的真实环境，课程越能受到学员的喜欢，同时，课程内容转为学员行为的可能性也就越大。

成人学习的第三个特点是：情境化学习。模拟真实的场景，以场景为框架，设置学员想学习的内容。

这个特点给我们的启发是：

（1）学习中有一种特殊的互动形式，吸引了学员相当大的兴趣，使学员主动地按照学习内容去做，这就是模仿，也可称为角色扮演，有的叫情景模拟。

(2) 在课程中，多设置场景或以场景为背景进行演练设计，让学员充当场景中的角色，反复示范和模拟。

(3) 多讲学员身边的案例，让案例场景化、个性化、显性化。尽量少选择共性强的通用案例。

以上是笔者对成人学习特点的想法和理解，总结来说有三个：经验；缺少主动；需求情境化，真实的情景学习。

人类世界最显著的特点之一就是改变的障碍。通俗地说，即个人越来越难被他人所改变。因为，人类所有的行为可以通过图7-8来表述。

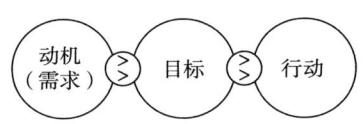

图7-8 所有的行为

每个人都有动机或需求，每个动机都有确定的目标，人类的行动以目标为导向。举个例子来说：人会饥饿，目标是吃饱，行动是找到食物吃东西。再比如，某人具有极强的自我成就感，他的目标是获得周围所有人的认可，行动是努力工作和学习，以获得某一领域的顶级功绩。

这种天生的特定的障碍让我们知晓，学员在课堂上学习同样存在目标、动机和行动。关键是如何驱动学员产生需求和学习的欲望，然后刺激学员产生目标或给予学员怎样的目标，有了目标后，如何激励学员产生行动。这一系列的过程就形成了学员学习铁三角：动机—目标—行动。

所以，笔者认为成年人学习者有三种学习行为：

(1) 从我行动到我要行动是曲折的过程。因为，成人在知道自己动机和目标后，在行动的过程中会发生很多问题，比如，课堂上学到的内容如何转化成自己的行为是个障碍。成人希望学以致用,但又不知道如何操作,不会轻易主动转化。所以,成年人学习的第一个特征是学习转化难。

请牢记

改变很难

图 7-9　改变很难

怎么解决这种转化难的现象呢?我给出的药方是:引导。

❶ 引导启发
❷ 建构认知

图 7-10　引导

不知道大家认不认同这样的说法:成人在有动机和目标后,会思索如何行动,就是采取什么措施行动。如果这个措施是自己想出来的,自己就可能去尝试或实践。但如果是讲师告诉我的,因为我有经验,可能会反思和质疑,那么这种质疑会阻止我去实施讲师讲给我的内容。那怎么办呢?

智萃™-PMADE 经验萃取与敏捷课程开发操作指南

表7-2 小组讨论实验对比

	控制组	实验组
组织形式	演讲、宣传、倡导、介绍食谱等方式	讨论、分析如何做
专家	主导	指导，引导
行为改变	3%	32%

美国人很聪明，早就想到了如何应对这个状况。

"二战"以后，美国的物资比较匮乏，美国政府希望美国人民吃动物的内脏以解决温饱问题。为什么这个事需要美国政府出面解决呢？因为美国人有宗教的信仰，感觉吃动物的内脏是不吉利的事情，所以人民不会主动去吃动物的内脏。在"二战"刚刚结束的情况下，不吃动物的内脏，有些人可能会被饿死，那么怎么办呢？美国政府就请了一个著名的教授，让教授想办法说服民众吃动物的内脏。

这个教授一开始做了个实验，他召集了100个人，请来一个五星级的大厨，邀请电视台现场直播实验的场面。

在实验中，大厨做好美味的内脏后，让每个参与实验的人都尝尝，然后问大家，好吃吗？很多人都说好吃。既然好吃，教授就很自信地要求大家回去买动物内脏来吃以解决温饱问题。可是，在民众有动机和目标（动机和需求就是饿肚子，目标是要吃饱）的情况下，教授给他们如何烹饪的方法，但最后的结果是只有3个人采取了行动，其他人都没有继续吃动物的内脏。显然，教授是不满意的。

过了一段时间，教授又做了一场实验，这次同样召集了100个人，不同的是，这次不请厨师了，也不现场直播了。召集100人后，分为10个组。在实验开始的时候，教授说，这次我们的活动很简单，就是请各位讨论一下：动物的内脏如何做才好吃？回家后你吃不吃我们不管的。

在这种放松的状态下,大家都积极发言,有的说水煮不错,有的说油炸可以的,还有的说生吃也行,等等。

看似答案五花八门,但结果不错,这个活动结束后,有32个人愿意回家买动物的内脏吃。

尽管也不是太多,但比第一次实验效果好了很多。

在第二次实验中,教授充分调动大家的积极性,让大家参与,而且勇敢地说出自己的想法和看法。教授知道了成人自己参与想出来的方法和策略,有愿意尝试的动力和欲望。

所以,如果你想你的课程内容让学员去应用,发生行为的改变,那么在课堂上要多引导学员说出自己的看法和想法。

(2)一旦满足了成人改变行动的欲望,则应引导成人自己思考和反思了。但课堂上还会产生另外一个情景。

这个情景是大脑的关系层面。通俗地讲就是,大脑对课程内容或学员自己的反思接受需要一个过程,这个过程的基础就是记忆。成人学习行为的另一个障碍是遗忘速度快。

对于这个学习的行为,笔者给出的药方是:回顾,小结,视觉;不断地回顾和小结可以让学员增加记忆,不会忘记。视觉可以刺激大脑活跃,不至于脑死亡,不运转。

既然解决了行为改变难和遗忘的障碍,另一个学习的障碍是成人学习注意力集中差。美国著名培训专家鲍勃·派克提出一个观点,就是90-20-8法则。即在上课后,一个大的知识点总时长不要超过90分钟;小的知识点是每个点不论什么形式不要超过20分钟;最小的单元是每8分钟就要有个刺激的活动,这个活动不是指提问和研讨或案例,而是刺激成人学员的右脑,引起感情的认知,通俗地说就是,每8分钟就应用有趣味的内容去刺激学员,比如好笑的段子、故事，有趣味的视频。

（3）注意力集中差。

讲了那么多，我们来回顾和总结一下：

作为培训师，站在讲台上面对的是学员，就像将军走进战场面对的只有敌人和士兵一样。我们要了解学员，学员学习的特点有三个：①经验；②主动；③情景。这是成人学习的心理活动，变现为具体的行为就是改变难，记住难，集中难。

遗忘快
成人容易遗忘，时间长会降低记忆力

转化难
成人希望学以致用，但又不知道如何操作，不会轻易主动转化

注意力集中差
成人学习爱分神，不易集中

图 7-11　学员行为特点

讲师要熟知学员的认知。成人学员的特点是指导讲师授课的指南和宗旨。把这些内容学习和理解后，不至于课堂走偏。

基本的认知我们清楚了，接下来，我们将要走进课堂。士兵不能仅学习如何射击的理论，还要操练如何射击。

说到课程的具体环节，笔者认为，整个课堂应该分为四个大的环节，而且这些环节都需要提前设计好，他们分别是：

（1）课程的开场环节。

（2）课程内容呈现的互动环节。

（3）课程的结尾总结环节。

（4）课程控场环节设计。

第七章 成人学习，教学设计

在课程开场方面，笔者与各位分享心得和体会。

好的开始是成功的一半，为什么这么说呢？

从两个效应说起：

第一个是首因效应，也叫第一印象效应，指交往双方形成的第一次印象对今后交往关系的影响，也即"先入为主"带来的效果。学员走进课堂，会观察讲师，观察的同时会形成第一形象和第一感觉。所以，当你开口讲话的一瞬间，其实就在受到学员的检验。如果你一开场就能吸引到学员，就给了学员一个好的印象，学员会瞬间对你产生好感。

第二个是光环效应。光环效应是指当一个人对另一个人的某种特征形成好印象后，他倾向于据此推论这个人其他方面的特征也是好的。所以，如果在第一印象基础上，一旦产生了好感，学员就会推断你的全部都是好的。

我们从这两个效应可以看出，好的开始是非常重要的。

那么如何做好开场呢？

我们先从两个案例说起：

案例1：张丽老师是某企业内训师，平时分享不多，上台经验不丰富。

6月17日9：00，张丽老师进行了一堂授课，他是这么开场的：

大家早上好，为了能配合你们的需求，领导认为我是最佳人选。我不会耽误大家很多时间，我会尽量简短地讲完，所以请各位给予配合。

各位，今天是什么特殊的日子呢？（为了调节气氛）

学员：老师，今天是什么特殊的日子呀？

老师：是呀，今天是什么日子呀？

学员：好像没有什么节吧？

老师：(拿出手机)，查看日历。

老师：不好意思，我记错了！

这个开场存在什么问题？我们分析一下：

（1）准备不充分。

（2）非常紧张。

（3）给人一种自负和不负责任的感觉。

（4）我们怀疑这位培训师不懂得开场如何操作。

案例2：有位老师所讲课题是《高效沟通的课程》。为了吸引学员，他采取悬疑的开场方式。大家今天收到通知而参加培训学习的请举手（学员举手），我正式宣布，培训已经取消了（沉静一下），有些学员会 O 形嘴（惊讶）。现在通知大家真诚地沟通从这分钟开始，以下时间没有培训，我们是来沟通、交流、提升的行吗？

（1）首先值得肯定的是，这位老师是有意识地在应用开场破冰的技巧，培训师意识很强。

（2）但笔者感觉有故弄玄虚之嫌，这是种自断手指而引起学员注意的方式。

（3）吸引注意力的方式有很多。悬疑是一个方式。这位老师值得表扬的是，有意识地使用开场技巧，设置悬念。但设置悬念有硬设置和软设置。硬设置就是直接提问，强硬引导。软设置就是给个因子或引子，比如道具，慢慢引导。

（4）那么如何修改呢？可以这样：有些人可能会觉得，培训就是我说你听，其实那只是培训的一种方式，准确来说，是演讲，而我们今天，不是演讲，不是我说你听，而是充分交流。需要你们一起来体验，需要你说，我听，更需要你说同学们听，或者同学们说，我们来听。总之，这次培训，是沟通，是交流，是提升的机会，这个课堂，是我们大家的。我们学的是高效沟通，那我们在课堂上就一起努力现场做到高效沟通，好不好？

需要说明的是,第二个案例中,讲师至少具备课程开场的意识和技巧,只是运用得不够好而已。

综合两个案例,我们可以看出,有些讲师在开场的时候存在不知道如何操作,如何准备,准备什么,即便知道了要使用如悬念技巧的方式,但操作不好等问题。

怎样的开场才能起到事半功倍的作用呢?在这里介绍课程开场"五步曲",如图7-12所示。

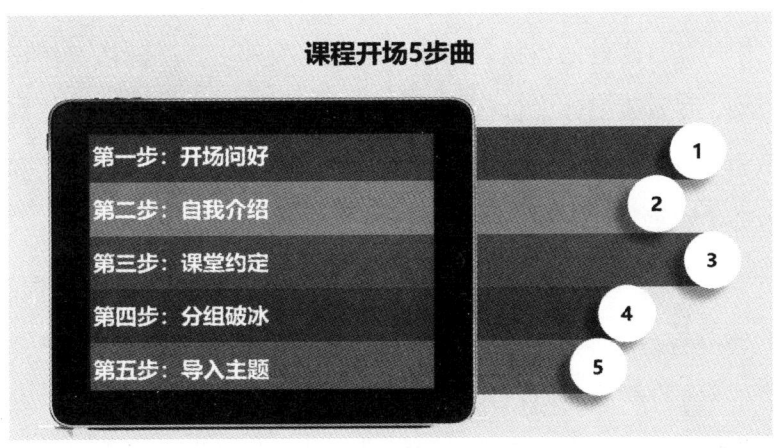

图7-12 开场"五步曲"

第一步:开场问好。

各位,课程开场问好的目的是什么呢,那就是,讲师立定讲台,宣布课程开始了,通过问好,吸引所有的目光到讲师身上。

如果要达到这个目的,开场问好要做到以下几点:

(1)在问好前要和学员约定回应或回应的方式。

(2)开场问好声音要洪亮、果敢。

(3)学员反应低落要重新问好,直到学员情绪高涨。但注意事不过二,如果第二次学员还是情绪不高，就不要再喊第三遍了，不然会引起学员的反感。

（4）本环节结束要对学员表示感谢，但不要开场问好的时候鞠躬，鞠躬一般是课程结束后才进行的。

第二步：自我介绍。

在这里，要说明的是，如果自我介绍做得好，可以借此拉近和学员的距离，让学员感觉讲师特别亲切、随和、幽默。

自我介绍的原则第一条是不要啰唆，尽量干练。第二条，如果幽默地进行自我介绍就显得非常特别，比如有个相声演员叫孟鹤堂，他在做自我介绍的时候使用的是百家姓的连接：赵钱孙李，周吴郑王。冯陈褚卫，我是孟鹤堂。第三条，尽量不要夸大自己，但可以讲讲自己的亮点。笔者在某船厂做内训师培养项目的时候，一位学员是他们船厂的明星学员，培养了多位国家级大赛的焊接冠军，那么这个就可以讲讲，增加权威性。

根据笔者的实践经验，笔者认为做好自我介绍可以采取如下四种方式：

（1）联想名人，这个很多讲师都这么做。比如，姓张的联想张学良、张飞、张学友等。但联想名人，要考虑学员的接受度！有一次笔者去讲课，笔者说我是张连全，张学良的张。你知道吗，真有小伙伴不知道的，笔者一说完，有两个人开始交头接耳，问谁是张学良。

小贴士

使用联想名人的方法要考虑两个要素：第一个是名人的知名度，要高度知名，可以是非常知名的历史名人，也可以是当下的明星人物；第二个是尽量选择没有负面影响的名人进行联想。比如你姓潘，你说：各位我姓潘，潘金莲的潘，虽然能让大家一乐，但这个人物相对负面，要改变。你可以改成：各位伙伴，我姓潘，古代有个美男子叫潘安，我非潘安，赛似潘安，大家可以叫我潘老师，但千万不要叫我金莲老师。

(2) 联想实物。梁静：好空调，很凉爽，好空调，晚上声音小，很安静，所以我的名字叫梁静。李蔼靖：不知道大家有没有看过封神榜，里面有个拿着铁塔的神仙，是谁呢，对，是托塔李天王，他的名字是李靖。神仙都很高大，高高在上，我的父母很崇拜李天王，但又不能高过李天王，要矮过他，那就叫李蔼靖吧。

(3) 联想故事，讲个故事，比如张亭亭。一开始，他是这么说的，各位，我的名字叫张亭亭，张飞的张，亭亭玉立的亭亭。各位，你们知道我的名字怎么来的吗？因为我是超生的，我的妈妈生完我后，工作被停了，工资也停了，我妈妈说，这孩子真倒霉，干脆就叫亭亭吧。

(4) 联想经历，可以做猜一猜。但这个要说明一下，如果课程很短，就不要采取这种做法了。而且，如果自我介绍采取让学员猜对错的方式，那么你设置的这些选项要尽量和你的课程主题有些关联，这样才不跑题。请参考图 7-26 猜一猜。

第三步：课堂约定。

这一步比较简单，但也要注意如下事项：

(1) 约定不要过多，2~3 条就好，笔者见过写 8 条的。

(2) 课堂约定要人性化，不要太刻板。比如，一上来就约法三章，显得很夸张。还有让学员脱裤子的或学狗叫的，这些都不人性化。

第四步：分组破冰。

分组破冰是先分组后破冰的意思。作为讲师，一定要掌握在课堂上快速分组的方式，比如报数、贴头像或颜色。报数的方式要结合你要分组和人数来设定。比如你想分为 5 个组，那么你就要求学员从 1 报到 5（没有 6），然后再从 1 开始，这样报数结束后，凡是报 1 的坐在第一组，凡是报 2 的坐在第二组，以此类推。贴头像的方式蛮有意思，你可以提前准备有关人物的头像，之前我们使用过西游记里面的人物作为分组的头像，比如想分为 5 个组，每组 5 个人，那么就提前准备好 5 个人物，每个人物的头像贴在学员手册后面，每个头像贴 5 本，你在上课的时候，可以让学员翻到学员手册最后一页，凡是看到白骨精的坐在第一组，凡是看到猴哥的坐在第二组，以此类推。颜色分组和头像分组操作方式一样。

另外，分组后，就要开始破冰活动了。破冰的目的是导入主题，同时兼顾塑造气氛和引起兴趣的目的。

常见的破冰方式有 11 种，如图 7-13 所示。

图 7-13　破冰 11 法

但不论哪种，都要结合课题选择合适的方式。

（1）紧扣课题，为课题服务。

（2）活动要敢于创新，不要总是采取一种方式。

（3）破冰活动要具有吸引学员的作用，并具有引导学员进入课程学习的动力。

（4）活动的时间不宜太长，建议不能超过总课时的5%。

第五步：导入主题。

（1）课程主要内容简介和结构介绍。

（2）关联学员的兴趣，突出重点。

（3）要特别告诉学员，课程重点包括哪些内容，大概要花费多少时间。

上述就是课程开场"五步曲"的详细介绍。下面做四个示范。

1. 《压力与情绪管理》

示范：各位亲爱的伙伴，大家早上好，今天能在这里和大家一起学习和分享，非常开心。不知道大家是否会出差，我们做老师的是经常出差的，很多人叫我们空中飞人。我给自己的形容是不断换床，一个月在不同的酒店住宿。我这个人呀，认床，换床喜欢做梦。昨天晚上我就做了一个梦，梦到自己去了一个寺庙，不知道大家有没有去过寺庙。一般去寺庙干啥，拜佛，对。我梦见自己去了一个寺庙，见了一和尚，他说要给我开光，那我就问他，你要给我的什么开光呢？他说，我要对你的嘴开个光。各位，开过光的东西，都怎么样呀。灵验，对，所以，我的嘴也是很灵验，等下我问好，凡是回应我，并说：好，很好，非常好的，今年可以赚100万元；凡是回应问好，又鼓掌的，今年可以赚300万元。

等大家鼓掌后，培训师接着说：遇到了一群财迷。

非常感谢各位的笑声。

说了那么多，很多人还不认识我，我做个自我介绍：

我的名字叫张连全（板书），看到我的名字，大家可以怎么称呼我？有的说张老师，有的说老张，有的说全哥。我接着说，大家可以叫我张老师，也可以叫我全哥，但千万别叫我阿全，一听到阿全，就想到我们家的狗（全场大笑）。

好了，那么全哥在上课前，做个调查，会开车的请举右手（观察学员），谢谢；那么，会骑自行车的，请举左手（观察学员），哈，那么不举手的是什么情况。

那么我问下各位，如果让你3年不开车，你还会吗？（观察，大部分回答会的），那么，继续问，如果让你8年不骑自行车，你还会吗？几乎所有人回答，会的。

我接着问：为什么，为什么3年不开车，还是会的，为什么8年不骑自行车，还是会的？原因很简单，它已经成为工作的一部分，成为你的技能或习惯。

那么，这个技能怎么来的？

对，学习来的，一学就会吗，不一定，还需要练习。掌握一种技能关键靠练习。

各位看看，咱们班那么多人，想获得练习的机会，就必须怎样？

对，参与，还要积极参与。我希望各位能积极参与整个课程的互动和教学。

下面检验下各位的参与度：

图7-14 托杯子

请看这是什么？（拿起一个矿泉水瓶子）

然后做一个托举状，问大家：我可以这样托三分钟吗？

大部分人回答，可以。

我反馈：应该是可以的，受伤了就因此去附近的医院呗。

那么，我继续问，我可以端30分钟吗？

这时候大部分人摇头了。我继续问：1个小时呢？2个小时呢？

大家回答不可以。

我接着说：我要告诉各位的是，我认为他是可以的。为什么呢？我又没有说，我要连续端30分钟，我要连续端1个小时和2个小时。大家一致认为我可以端 3 分钟，那么，我端 3 分钟就休息下、直到端够 30 分钟，1 个小时、2 个小时。

各位，假如这杯水，就像我们肩膀上的压力一样，这时，根据我刚刚的演示，我们应该怎样？

对，放下，学会释放。

但是，当压力真正来临的时候，光放下够不够？不够，还需要减价，把压力解决掉。减压就需要有方法。到底有哪些方法呢？

下面，我们进入今天的课程，一起学习减压"三步曲"。这个课程大概分为三个章节。①压力的来源与原因；②减压"三步曲"；③减压"三步曲"的具体应用。我重点会讲第二和第三章节。下面我们开始学习第一个章节。

2.《工作效率之剑——岗前准备必需技能》

示范（从破冰开始）：问下在座的各位男生，谁抽烟，有人举手。哈，找到家人了。我告诉各位，我也抽烟，而且是个烟鬼，我一天要抽 2 包烟。有一次，我去酒店接一位朋友，朋友迟迟没有下来，我就在大堂等他，这时，烟瘾上来了。偏偏大堂没有烟灰缸，怎么办，要解决呀。（这个时候，讲师从上衣口袋里拿出一个盒子）不怕，各位，我有准备。有了这个盒子，就可以解决我的烟瘾了。

从这里可以看出我是什么人？

烟鬼，对。除了烟鬼呢？大家可以看出我是有准备的人。

各位，刚才你看到的只是我生活的一面，我要告诉各位的是，我在工作中也常常做准备，那么今天我就把我的工作准备心得和各位分享一下，下面我们来开始今天的分享。

3.《标配——标准流程与质量管控》标准流程的课题

示范（从破冰开始）：我相信大部分伙伴都去过肯德基或麦当劳就餐，

在那里,大家可能吃过薯条,而且,可能在很多家肯德基门店吃过,那么我问各位,感觉味道如何?是不是都差不多。

好,各位,那么大家吃过湘菜吧,湘菜中有一道著名的菜叫剁椒鱼头,不同的湘菜馆,这个菜的味道如何?大家可能回答:味道各有不同。

各位,为什么呢?

因为,在肯德基或麦当劳,生产薯条是标准流程,多少温度都设计好了。但湘菜馆生产的剁椒鱼头,因厨师不同,做法不同,味道也不同。就是比较随意,从此可以看出标准的流程化操作对稳定产品质量具有重要作用。

那些今天我和各位分享一下公司的标准化流程是如何运作的。

4.《工作目标与执行》

示范:比如一位老师是这么开场的。各位,能看到阳光是幸福的事情,但偶尔闭上眼睛可以让自己思考得更久。那么现在请各位闭上眼睛30秒,同时,告诉我,在这个教室里有多少种颜色?

学员一边闭上眼睛,一边回答。

好,请各位睁开眼睛,现在我再问大家,这个教室有几种颜色?

看来,睁开眼睛看到的更准确些呀。为什么睁开眼睛比闭上眼睛看到的准确。那是因为闭上眼睛是盲目的,睁开眼睛时目标比较清晰。可见,当目标明确和清晰时,你看到的或做到的就不同。那么如何制定目标和执行目标呢,让我们进入课程一起学习。

最后,应避免自杀式开场。例如:有位培训师在开场的时候是这么说的:不好意思,亲爱的伙伴,我比较紧张,讲得不好请各位多多包涵。还有的培训师是这么开场的:各位,来参与今天课程的一定会有收获,因为今天是一场培训盛宴,因为,我是实战派讲师,我的实战胜于我的理论。

> **小贴士**
>
> 　　课程开场"五步曲"的应用一定要结合实际情况,可以做删减,我认为至少要保留三个环节:开场问好—破冰—导入主题。破冰环节所采取的活动一定要和主题有关,不能为了破冰而破冰。

二、内容互动环节设计

　　可以这么说,当你的课程内容确定以后,需要考虑的事情就是如何把这个内容呈现出来,就是我们说的如何表现。那么这个表现的形式中离不开与学员的交互。

　　内容都没变,关键是形式的演绎变化!

　　这里正好迎合了前文讲的公式,好的课程＝内容×形式。今天重点说说这个形式。

　　为什么要注重形式。

　　因为成人在学习的时候,一天24小时,各种信息充斥着他们的大脑,分散他们的注意力,一旦讲师讲课的信号低于学员自己的信号,那么学员就会走神,就像骑自行车爬坡一样,坡越陡,越没有力气,就可能放弃。所以,如果学习者没有办法集中注意力,那么无论你创建什么样的学习体验也没有意义。

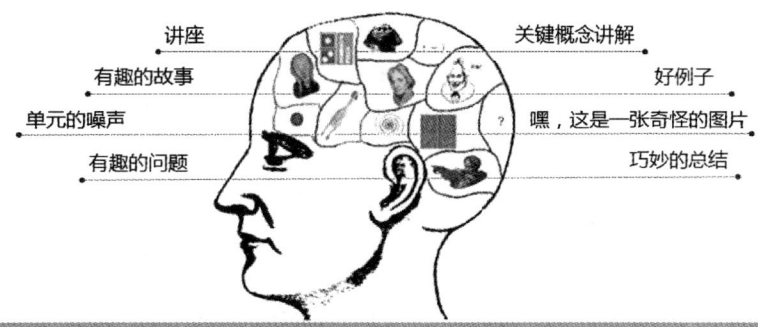

一天24小时，各种信息充斥着他们的大脑，分散着他们的注意力。所以，如果学习者没有办法集中注意力，那么无论你创建什么样的学习体验也没有意义

图 7-15 大脑

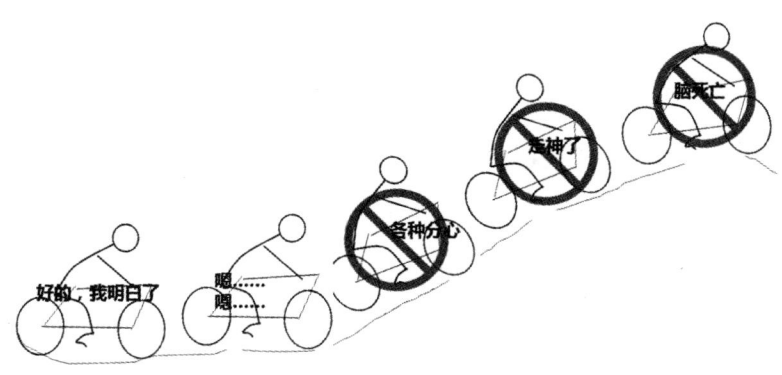

集中注意力是有限的。如果要求学习者完全依赖意志力和专注力进行学习，就像要求骑着自行车上山一样

图 7-16 集中注意力

可以这么说，形式的目的是吸引兴趣，进而吸引注意力，也就是让学员始终保持学习的状态。

不知道大家吃过面条没有？可能吃过。各位，你在吃面条的时候喜欢加些什么料？有的人喜欢加味精，有的人喜欢加鸡精，或香菜，或辣椒。各位，为什么要加这些料，目的就是让面条更好吃。如果只有面条，估计各位很难吃下去。

课程也是一样的，如果只有内容，那么学员也很难听下去。怎么办呢，这时候就需要增加佐料。

那么，在课程中，有哪些佐料可以增加呢？

在课程中的佐料，笔者认为应该可以分为两大类：一类是显性互动；一类是隐性互动。

下面展开说明，所谓显性互动，顾名思义就是学员能瞬间感知到的，即直接让学员参与的形式或活动。符合显性互动形式的具体方法有哪些呢？这个很多了，比如游戏、故事、案例、提问、讨论、模拟、演练和角色扮演等方式。这些方式听起来不陌生，但我们必须思考在吃面条的时候，哪个佐料刺激最大？很多人会说辣椒，够味。所以，我们也要考虑在经常使用的这些显性互动方法中，哪些刺激够味，哪些刺激最大？

根据方法和刺激两个维度的考虑，美国教学专家提出学习金字塔的概念，如图 7-17 所示。

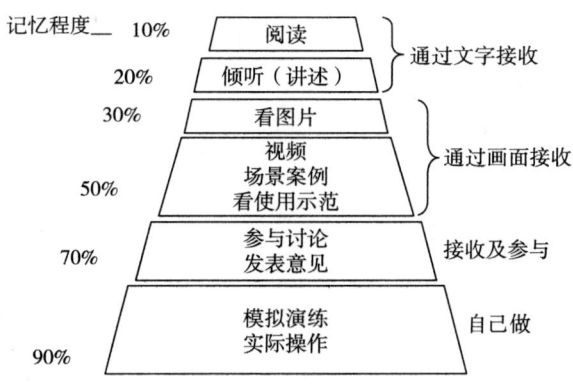

图 7-17 学习金字塔

在图 7-17 中，模拟和实操对学员刺激度达到了 90%；其次是参与讨论；再次是视频、案例；最后是讲述和阅读。

但根据笔者的教学经验，刺激度的排列如图 7-18 所示。

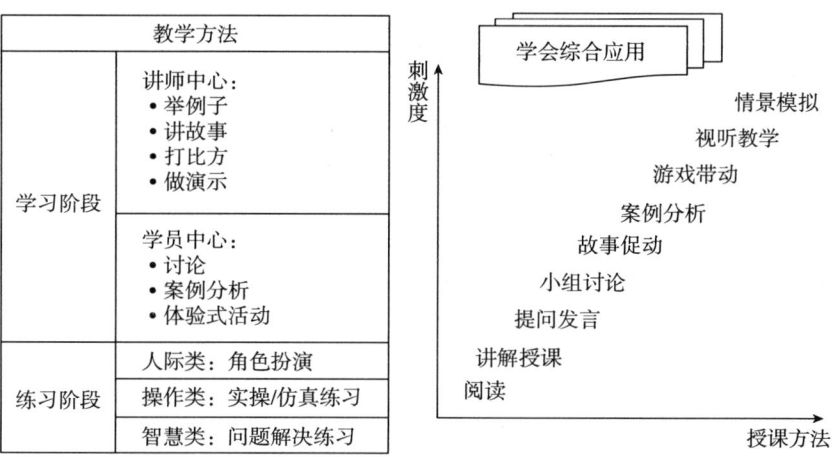

图 7-18 刺激度的排列

下面说说理由，为什么情景模拟排在第一位呢，原因很简单。如果你经过的路边有人吵架，你会不会围观。如果有人在下象棋，你会不会围观；如果有耍猴的，你会不会围观。我说这个的意思是什么？就是学员有围观的心态，当不是自己去情景演练的时候，成人愿意当围观者，而且，会开心大笑，笑参与的人。当然了，这样能引起不参与者的思考与反思。

那么为什么视频排在第二位呢？因为，根据我的观察，一般情况下，只要讲师在课堂上放一个视频，学员就会抬头观看，视频放完，就可能会低头。从这个角度上来说，视频对学员注意力的吸引效果确实不错。

接下来的教学方法的刺激度与前文学习金字塔类似，在此不再赘述。

这给我们什么启发呢？

就是我们在课堂内容既定的情况下，在考虑互动方法的时候，一定要考虑它的刺激度。

如果想灵活运用互动方法和刺激度方面的技能，还必须考虑两种情况：

第一种情况就是成人学习情绪的变化，成人在一天学习中，时间不同，学习的注意力（情绪）会不会发生改变呢？答案是肯定的。那么这个变化的曲线是怎样的呢？如图7-19所示。

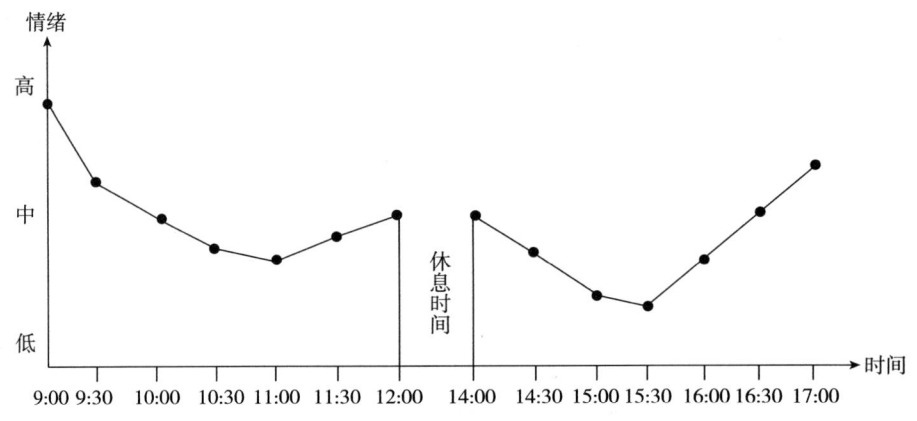

图7-19　情绪变化曲线

从图7-19可以看出，学员的学习情绪随着学习时间的推移会发生变化。基本的规律是整体上上午的学员学习情绪比下午的学员高。一天中，如果从9：00开课的话，那么11：00是个转折点，11：00之前学习情绪会随着时间推移下降，11：00后离下课的时间越来越近，因为快下课了，人的学习情绪和注意力会稍微提高。一天中，学员最犯困的时间应该是15：00，因为14：00上课，学员中午有休息片刻的时间，15：00之前的精神状态还可以维持，但到了15：00因学员生理周期的规律决定了学员这个时候往往会"大脑死亡",但不是真的死亡了,就是想休息了。

那么我们该如何应用这个曲线呢?在情绪高的时候,互动方法的刺激度应用性会降低,就是你不用过多考虑互动方法的刺激度,只要有刺激,学员就可能会参与;但在情绪低落时,内容既定的情况下,就必须考虑刺激度高的情况,这样才能充分调动学员的积极性。比如,在15:00左右,学员很困乏的情绪下,你要使用模拟、示范、演练、视频的方式,综合调动学员的学习注意力。

上面提到的情绪是在大的时间范围内,如果细化到小的时间单元,比如15分钟或20分钟,那么你讲到15分钟或20分钟的时候,就可能是讲师的"坟墓"了,这时候就需要采取一定的方式刺激学员了。不能一直表达,表达超过15分钟后不互动和刺激,就会出现问题。因为成人学员在倾听注意力方面,能一次集中的最大单元是15分钟,所以,在15分钟这个位置,就是讲师刺激的峰值。

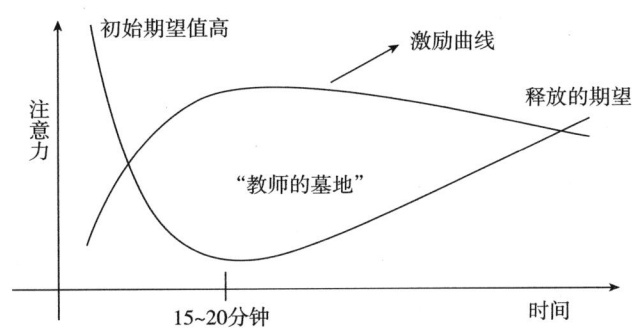

图 7-20 刺激峰值

举个例子:李敖先生在北大演讲的时候充分利用这个理论。笔者统计过,他一次一直表达的时间最大单元不超过15分钟,一般在10分钟左右就会互动一次或使用一种方式刺激一下学员。比如,当李敖先生讲到我写了100多本书,有96本被查禁,如果把查禁的原因打印出来,大概有这么长(这时,他马上拿出提前打印好的A4纸作为道具),现场响起了雷鸣般的掌声。

上面是互动教学方法刺激度考虑的第一个因素。第二个因素就是内容。不同的内容使用的互动方式不同,当然了,方式不同,刺激度也不同。

提到内容,在一堂课里面往往具有三大类内容,总结出这三大类内容的出处就是韩愈在《师说》中提到的:师者,所以传道授业解惑也。那么传道其实就是知识,授业就是技能,解惑就是帮助学员解决问题。我们就从这个角度分析,到底如何应用,先从知识类入手,看看知识类内容采取什么互动方式比较合适。

1. 知识类内容如何互动,就是选择什么呈现形式比较好

知识类一般偏概念和理论。一般概念和理论,会涉及理解的问题。同时涉及讲解枯燥的问题。就是你讲的概念,我不一定理解和领会。即便我理解了,但听得很累。这个时候,讲师就有义务把这个概念讲透,讲清晰,同时有趣味性。那么能帮助学员理解的方式有哪些呢?笔者认为有5种:

第一种方法:概念拆解。提到概念和原理之类的内容,好像很偏技术,很多培训师怕讲这部分内容,感觉枯燥无味,又担心学员听不明白。所以,很多培训师往往遇到概念或原理内容的时候念一遍就过了,没有考虑学员是否听明白了。培训师的使命就是在课堂上让学员听清楚你的内容,进而理解,加以应用。听明白至关重要,可以采取拆解思维,把定义、概念或原理进行拆解,其实就是对知识内容进行二次解读。拆解思维一般有三个步骤可供参考:①给出严谨的定义;②提取关键要素;③归纳观点。

例如:你在讲到沟通的定义时,你可以采取如下步骤进行讲解:

(1)先给出严谨的定义:沟通是人与人之间、人与群体之间信息与感情

的传递和反馈,并达成共识的过程。

(2) 提取关键要素:①2个人以上;②信息交流;③达成共识。

(3) 归纳总结:沟通就是2个人以上的。

说明:可以用一张PPT完成,也可以用2张PPT,根据自己做课件PPT的习惯而定。宗旨讲明白为准。

再比如:你在讲到管理的定义时,你也可以采取如下步骤进行讲解:

(1) 给出严谨的定义:管理是指一定组织中的管理者,通过实施计划、组织、领导、协调、控制等职能来协调他人的活动,使别人同自己一起实现既定目标的活动过程。

(2) 分解关键要素:①管理者;②管理对象;③管理手段;④完成业绩。

(3) 归纳总结:管理就是管理者通过一定的手段使他人完成业绩。

拆解思维只能做到内容的清晰,但很难解决听众的娱乐性,即虽然听懂了,但依然很枯燥。所以,不能单纯使用一种拆解思维,要结合其他方式和谐进行。

第二种方法:举事例。爱因斯坦曾说过:"兴趣是最好的老师,真正有价值的东西,并非仅仅从责任感产生,而是从对客观事物的爱与热忱中产生的。"我国古代著名的教育家、思想家孔子也曾说过:"知之者不如好之者,好之者不如乐之者。"只有"好之""乐之"才能有高涨的学习热情和强烈的求知欲,才能以学为乐。苏联教育学家斯卡特金认为:"教育效果取决于学生的学习兴趣。"可见,学生的学习兴趣直接关系到教学效果的好坏。随着高效课堂的开展,如何把事例合理运用到教学中,充分发挥学生的主体作用,激发学生的学习兴趣,提高学习的自觉性和课堂教学效率显得特别重要。

对许多抽象的概念、深奥的理论来说,学员较难理解和把握。培训师若想把抽象的理论讲得生动、形象，就要选用相关事例来辅助教学，于是事例教学就成为了常见的一种教学手段。生活和工作中的事例很多，什么样的事例符合教材内容和学员实际，具有科学性、教育性和说服力，则需要培训师在大量翔实的材料中进行选择和提炼。

一般来说，企业内训课程常用的事例有案例、身边事、典故、新闻热点、寓言故事等。不过，在课堂上还是少讲寓言故事，讲多了就变成心灵鸡汤了。按照成人学习趋向兴趣的特点分析，上述事例的类型排在第一位的应该是身边事，因为成人大都有八卦的心理。排在第二位的是新闻热点，很多学员关注当下的时事。排在第三位的就是与工作有关的案例了，案例比较贴近工作实际。最后是典故，发生在过去的人物经历也能勾起成人学习者的兴趣。

那么如何使用举事例这种方法呢？科学地说，这个方法是直接的教学方法，就是有个观点后，直接给出应用，给出观点（定义、概念或原理）后，马上用事例去刺激学员。比如，笔者要讲对沟通的理解。那么笔者可以抛出一个观点：沟通要统一思想，达成共识，如果做不到这一点，就可能造成严重的后果或损失。紧接着，笔者就马上举了个例子。有一次去广州的北京路逛街，正好有家卖衬衫的门店在搞活动。进去看过后，感觉挺好的，就买了两件，总计700元，临走时，门店还赠送了笔者一条领带，对于做培训师的来说，赠送一条领带是非常开心的。但是，回到家后，收到一条让笔者不开心的短信，短信的大致内容是：凡是在我们公司旗下门店购买满500元的，可以赠送一条价值200元的皮带和一条领带。周末的时候，笔者到这家门店找他们的店长，这位店长服务还算客气，看到短信后，立刻给了我一条皮带，并不停地道歉。但作为顾客的我，好像受到了欺骗，训斥了这位店长。在笔者快要离开门店的时候，这位店长很无奈地告诉笔者，其实我们门店也没有提前获知这个促销政策，都是市场部的错。因为很多公司的促销政策是市场部制定的,制定完后会通知到各个门店,可能中间出现了什么问题,没有及时传达到位。但作为顾客来说,笔者可不管这些,你们内部沟通不畅,没有提前达成共识,对笔者造成了伤害,可能以后笔者再不会到这家门店购买衣服了。

可见,沟通达成共识多么的重要。

上述讲解的思路可以概括为:观点—事例—回顾观点。通俗地讲就是,结合你给出的定义或概念或原理,然后找到一个恰当的事例,完整地呈现给学员。

在这里再举一个例子:如果我提出产品价值这个概念,那么产品价值本身不具有价值,而人类属于产品的属性和特征,这个属性和特征才有价值。如果你不太理解,各位,请看这个是什么?对,哈根达斯。一开始,哈根达斯,就是一个普通的雪糕。后来,哈根达斯设计成了刺激观感的诱发物;再后来,哈根达斯(雪糕)是性感的象征,是热恋中的必选产品。所以,哈根达斯比其他雪糕卖得贵。这就是产品的价值。这么讲,大家清楚了吗?

其实,使用事例还有另外一种思路,那就是先讲事例,通过事例的启发,引出要讲的知识点或观点,再对知识点或观点做详细的解释。

例如:如果你要讲护照与绿卡的区别这个知识点,你可以按照下述思路:各位伙伴,很多人不知道护照与绿卡的详细区别,在开始讲我的内容之前,先给各位伙伴分享一下《西游记》里唐僧取经的故事。唐僧在出发前,唐王给了他一样东西,那就是通关文牒。唐僧拿到通关文牒就开始了自己的西天取经之行。一路上,每到一个国家,就需要在通关文牒上盖一个章,有一次到了女儿国,女儿国国王看上了唐僧,就同他讲:"哥哥,你不要走了,我们结婚吧,和我一起享受荣华富贵。"唐僧回应道:"哥是有理想的,我要去西天取经。"这样一来,女儿国国王也不强留唐僧,就对他说:"也好,但我希望再次见到你,这样吧,我发给你一样东西,你想什么时候来就什么时候来,想住多久就住多久。"

各位,女儿国国王发的是什么,对,是绿卡。

这就是绿卡与护照的基本区别,但要知道详细的区分,接下来我们做详细的解释。

> **小贴士**
>
> 不同的观点选用不同的事例,但在举事例的时候,原则上有三种风格的事例不讲:一是红不讲,就是涉及政治或宗教的不讲;二是黑不讲,就是负能量的事例不讲;三是黄不讲,就是荤段子尽量不讲。

讲好故事是培训师的授课内功,想讲好故事要注意以下要点:

(1)故事要有明确的寓意,而且和课程内容有直接关联。

(2)投入情感,不能像记流水账一样。

(3)讲故事的时候尽量有互动,引导学员思考故事的寓意,但互动最好采取自问自答的方式,不然学员的回答会打扰你讲故事的思路。

(4)最好配以丰富的肢体语言,声音要抑扬顿挫。

第三种方法:用道具。道具一词首见唐·严维《送桃岩成上人归本寺》诗:"道具门人捧,斋粮谷鸟衔。"在演出戏剧或拍摄电影时常常使用道具来呈现某些不太容易用语言说明白的事情。有大道具,如桌、椅、床等;有小道具,如杯、壶、花瓶等;有装饰道具,如书、画、镜框等;有随身道具,如烟袋、扇子等,显然,道具起到了立体显性化的作用。

把道具应用到教学中,原因是使用教学道具的方式能够激发学习兴趣,有助于提升课堂的教学氛围。

笔者记得上学时,语文老师就善于使用道具来展现文章中的人物和情节。

例如，小说阅读教学中，若能以这些道具为抓手，通过唤醒旧知、还原情境、咀嚼细节等手段，引导学生走进文本、走近人物，使其品读出小说人物形象的无穷韵味。《三国演义》中的诸葛亮、《水浒传》中的吴用都使用了"扇子"这一道具，"手中缓缓摇着羽扇"俨然体现了小说中智者的身份。其实，在这些道具的背后，更暗示了人物形象的性格特征。

那么，在成人教育中，也可以使用道具展示或支撑某个观点或知识点。

例如：有位培训师在讲到薪酬＝价值这个观点的时候，就使用了100元的道具。他是这么展示的：各位伙伴，什么叫薪酬＝价值，我的意思是说，你的价值越高，薪酬可能越高（特殊情况例外），为了让大家充分理解，请看这是什么（这时老师拿出一张100元的钞票），钱，没错。现在开始拍卖，120元有人要买吗？120元一次，120元两次，120元三次，没有人买，好，那么现在80元开始拍卖，有人要买吗？（这时很多人要买），老师说，想买，我也不卖，开个玩笑。

问下大家，你们为什么120元不买，80元要买。很明显，如果你120元买了，就亏了，不值得，你如果80元买了，就赚了，不亏。

其实，老板或你的领导也是这么想的，如果你在老板或领导面前值5000元，你去找到老板说：领导，能否给我涨到7000元，老板估计不会答应。但你如果说，领导，你看我现在的工资是2500元，能否帮我涨到3000元，估计领导会答应。

所以说：想提高工资或薪酬，先提高你的自身价值。

上面的案例告诉我们，在上课的时候，如果善于使用道具，那么你的课堂就会更加有趣有料，更能激发学员学习的动力。

讲了那么多，道具教学实施的步骤和注意事项是什么呢？

道具教学的实施步骤：

(1) 先亮明观点，再进行解释。

(2) 引出道具，展示道具。

(3) 结合道具展示，再进行讲解。

(4) 讲解时，最好有互动，把学员带动起来。

同理，也可以先展示道具引出观点，但这种方式对老师的呈现能力要求比较高。

其实，作为老师要善于积累道具，生活中或工作中很多道具都是可以使用的。比如讲压力可以用气球，讲包装可以用可口可乐的瓶子等。

第四种方法：用类比。类比又称比喻。很多老师轻视比喻，认为它是文学中的修辞手法，是作家用来增强表达效果的点缀和修饰。其实，比喻是用B事物去认知A事物的一种方法。目的是通过B事物让A事物更加清晰。

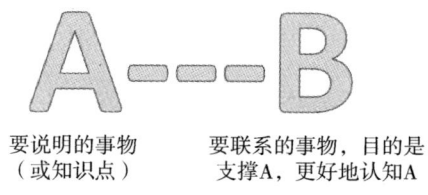

图 7-21 类比的思维

例如：A事物是模块，精准到0.01毫米，这个概念明显不太容易想象，那么可以找B事物去支撑它，可以把它比喻成人类头发丝的1/10。

再如：一年走了200万步，感觉挺多，但好像不具象，可以比喻成：相当于走了12次长征（长征每次是两万五千里），这样就更具象了。

有人问爱因斯坦："相对论到底是什么？"爱因斯坦回答："你坐在美女身边一小时，感觉像一分钟，而夏天你在火炉旁坐上一分钟，感觉就像一小时，这就是相对论。"

华罗庚先生在讲授统筹学时，没有先说一堆数学符号，而是用了一个怎样泡茶最省时间的例子，工人一听就明白了（不是对专业人士，对非专业人士才这样做）。

他是这么教书的：我们先不说统筹，先看看这杯茶（拿出一杯茶），看看怎么泡茶才节省时间，当时的情况是：开水没有；水壶要洗、茶壶茶杯要洗；火生了，茶叶也有了。怎么办？甲：洗好水壶，灌上凉水，放在火上；在等待水开的时间里，洗茶壶、洗茶杯、拿茶叶；等水开了，泡茶喝。乙：先做好一些准备工作，洗水壶，洗茶壶茶杯，拿茶叶；一切就绪，灌水烧水；坐等水开了，泡茶喝。丙：洗净水壶，灌上凉水，放在火上，坐等水开；水开了之后，急急忙忙找茶叶，洗茶壶茶杯，泡茶喝。哪一种办法最省时间？

接着华罗庚教授进行了详细的分析，分析的时候引用统筹学的理论。（在此不展开，有兴趣的可以搜索有关资料进行学习）

比喻作为帮助人理解的工具，由来已久。耶稣解释天国：天国就像酵母，妇人拿了他放入玉米粉，直到全部发酵完毕。

讲到这里，让笔者想起了浙江大学的苏德矿教授，他在讲授高数的时候，最善于使用类比（比喻）的方法，先摘录两段供大家学习：

（1）一元复合函数的求导，他这样解释："就像最近天气突然热起来，你要脱衣服。脱到怎样合适呢？一件一件脱，脱到不热了为止。复合函数也一样，一层一层求导，直到内函数的导数有公式，就成了。

（2）当你喜欢一个人的时候，他的一举一动，一点变化你都看在眼里，别人都变成了常数，他才是唯一的变量，你只为他倾倒，如此偏爱称为偏导。你们女生不要因此烦恼，既然他把你看成常数，那你也把他看作常数好了，找到对的人互相倾倒才有意义。这段爱情哲学，其实是为解释一个微积分概念——偏导数。

一位老师讲解通货膨胀的时候，就是用了类比：妻子问丈夫什么是"通货膨胀"？先生回答：以前你的三围是 36－24－36，现在变成 88－114－86，虽然你所拥有的一切数字比以前更大了，但你的价值却比以前低了。这就是"通货膨胀"！

第五种方法：用测试。测试的方法有很多，笔者记得一个学员在讲授某个流程时就使用了测试的环节。因为，流程内容是比较难讲的，讲不好就会很枯燥。课堂上，给每个小组发两张用 A4 纸打印好的表单，一张是空白的，解释为请正确拼出流程图；另一张是流程里面的要素点，用 A4 纸打印出来，当然顺序是乱的。让小组讨论并拼出这个流程，看哪组拼出的顺序是正确的，然后给予奖励。笔者认为这个测试也是很不错的。

在授课中，测试使用的思路一般有两种：

（1）定义（知识点）＋测试。例如：团队是指一种为了实现某一目标而由相互协作的个体所组成的正式群体。

讲完这个知识点后，应该来个测试，检验学员是否真的理解了。比如：下列属于上述所讲团队的是：①驴友；②公司人力资源部；③羽毛球兴趣小组。

答案：选择②（因为只有②符合正式群体的属性）。

补充说明：如果要让学员听得更明白，做题更加正确，其实，看到定义类的内容时，可以联系我们讲的拆解的方法，先拆解，然后再测试。

例如：团队是指一种为了实现某一目标而由相互协作的个体所组成的正式群体。

先拆解这个概念，这里有三个关键要素：①个体；②有目标；③正式群体。而且三个要素缺一不可。

讲完后，进行一个测试：下列属于上述所讲团队要素的是：①驴友；②公司人力资源部；③羽毛球兴趣小组。

答案：选择②。这时学员也许会很快给出答案，因为学员理解得更透彻了。

（2）测试+定义（知识点）。例如：设计一道选择题，以下哪种方式不属于太阳能发电？

  A. 光伏发电 B. 光热发电 C. 太阳能热水器集热

这时讲师问学员选哪个答案，很多人可能会选错，没有关系，讲师也不要先公布答案，可以先给出知识点：太阳能发电的方式主要有两类——光伏发电和光热发电，然后回到刚才的测试，答案自然就明确了。

第六种方法：视频教学。视频教学方法最有利于充分激发学员的学习兴趣、引发学员的积极参与、启发学员的深入思考等，即趣味性、实效性和启发性。

（1）趣味性。

视频教学方法克服了传统讲授式培训方法"灌输式学习"的枯燥性，以讲师在上面讲、学员在下面听为主，以获取知识为主的"填鸭式"方法，对于许多经历过大专、本科甚至硕、博士学习的学员来说，已经司空见惯，缺乏新鲜感和吸引力。有些学员心里虽然很想学，但坐到课堂不久就犯困。成人的自我学习能力较强，最不喜欢的东西是解读，尤其是课本上的理论知识大多按章节划分，十分系统，与工作实际操作并不吻合，缺少吸引力。

视频教学方法可以实现寓教于乐。知识的汲取其实无处不在。读书往往被认为是学习，而观看各类视频则会被认为是娱乐消遣。如果问学员"你喜欢看视频还是更喜欢听课读书？"多数人的答案是看视频。因此，如果可以通过看视频的形式达到听课学习的目的，就实现了所谓的"寓教于乐"。人们在寓教于乐的氛围中更容易接受各类知识和工作方法。各类视频包括电影、电视剧、纪录片、新闻报道、人物访谈、MTV、模拟录像等，每一种形式、每一个片子都存在一定的主旨和深刻的意义。

视频教学方法的趣味性体现在寓教于乐的多样性形式。有的视频剧情扑朔迷离，引人入胜；有的视频幽默风趣，使人开怀大笑；有的视频针砭时弊，发人深省；有的视频蕴含丰富的人生哲理，令人唏嘘感慨；有的视频描绘完整的工作流程，让人一目了然。

（2）实效性。

视频教学方法使用最为便捷。在成人培训教学中，与高校对学生的教育的差异主要体现在培训的气氛不十分活跃、学员的情绪不容易调动，他们一般年龄较大、级别较高，加之工作性质导致沉稳内敛性格的人居多，采用互动式培训形式时学员往往不愿参与、配合，容易出现尴尬的局面。比如近年来从国外引进的行为训练课程，有相当多的学员存在抵触情绪。而用这种视频方式做培训，形式很好，有吸引力，并不需要给学员太多的压力，只要引导大家带着思考的状态去看就能取得足够效果。所以，培训课堂上氛围融洽且积极，学员都很有兴趣，比死板的讲课，效果好得多。

兼具其他培训方法的优点：视频教学方法有利于调动学员学习热情。它需要参与者全身心投入，通过片中情节描述、事例分析、角色扮演及观后的小组讨论等参与者乐于接受的形式，让学员能深入浅出地理解、举一反三地运用那些枯燥抽象的知识。带来的冲击力更大、互动性更强、体验性更深，因此转化为行动的可能性也就会更大。

克服其他培训方法的不足之处。一位资深的培训业人士曾经这样评价目前培训界的现况，他指出，增强培训阶段中的体验性是一种潮流，情景教学也是增强培训效果的有力手段。但从目前比较流行的户外拓展这种体验式训练来看,确实可以模拟一些情景,比如两个人合作来个信任摔,但更复杂的情景就很难模拟,尤其是有关人的情感体验。爱恨情仇、生离死别不能模拟;和领导发生了矛盾,但又不想离开本岗位不能模拟;领导和员工有了矛盾,中层干部夹在中间很难受也不能模拟。由于不能模拟,所以学员经常是训练完了回单位该闹矛盾还得闹矛盾,该钩心斗角还是钩心斗角。什么情况下可以更深入地模拟?是视频。视频提供了一个更广阔的、更真实的模拟情景。人生其实就是一个大舞台,屏幕就是一个小的人生,数以千万计的好电影、电视节目,人们可以从中聆听到真理的声音,甚至聆听到内心智慧的呼喊,是很有教育意义,又很有现实意义的培训手段。

具有自身的独特优势。视频教学方法的优点在于较为形象、容易形成深刻而持久的记忆,易于操作。在现实工作生活中,问题常常是多方面、多角度地呈非线性出现的,而由于影视作品的叙事结构和拍摄手法同样是非线性,显然适合身处于现实工作生活中的学员运用。

(3)启发性。

活跃思维。人类开始沟通的起源不是文字而是图像和图形,人们通常用右脑看图像和图形,通过形象思维、感性思维去感受其中的内容。所以在培训中引入视觉的因素会收到很好的效果。与此同时,颠覆式地让学员改变单纯地用右脑看片子这一传统思考模式,而尝试同时使用左脑来欣赏视频,更多地运用逻辑思维,就会将片中的内容联系到日常的工作和生活中。这样,收获会更大,不仅是精神的愉悦,情感的碰撞,更能获得更多与职业、生活息息相关的知识。

比如,《百家讲坛》栏目为什么较《教育电视台》的讲座拥有更高的收视率和社会影响力?原因不仅在于该栏目聘请名师描述历史情节、讲述人生哲理,更主要的是因为其间频频穿插影视剧情节烘托效果。这种形式既能通过"影视图像"达到"电视剧"的效果，又能通过"描述故事情节"达到"评书连播"的效果，以此激发人的右脑思维系统；同时，名师对人生哲理的剖析，又恰恰激发了人的左脑思维系统。

激发灵感。视频教学方法不仅告诉学员怎么做，而且通过观看片中的情景和人物关系等，就能明白很多事情。因为，人类善于联想，甚至可以从各个角度展开联想，并领会于心。培训讲师可以通过视频引导学员自觉地悟出其中蕴含的道理，让他们在培训中真正获得轻松学习、深刻体会的培训效果，远比苦口婆心地说教更有效。正如老子所说，"道可道，非常道。"很多视频内容尤其是电影、电视剧，看似很平淡的情节，其实蕴含的意义非常深刻。比如通过收看片中各种矛盾的解决办法，体悟团队发展、上下级关系、执行力等管理问题。真理隐于事实，事实胜于雄辩。视频教学方法的意义其实就在于此。培训学习本身往往并不一定带着工作中的困惑来寻求答案，更多的是为了获得点滴收益，哪怕仅仅是一种启发、一种思路、一种框架。

那么如何使用视频教学方法呢？一般来说，视频应用的场景如下：

（1）支撑所讲知识点。给出一个观点后，用视频去支撑这个观点，让学员很快就明白这个观点的正确性。比如：倾听的关键不在于听，而在于听的姿态。如果你不信，我们来看段视频（是一位员工向自己的领导反映想休假原因的画面，但当这位学员反映情况的时候，领导在画鸟，全程几乎没有看这位员工，这位员工就生气地走了，最后，这位领导能重复出这位员工的话）。然后进行提问分析：视频中这个领导在听吗，在听，为什么员工感觉不到他在听呢？就是他没有听的姿态。所以，听的姿态很重要。比如，身体前倾，目光对视。

（2）先放一段视频，然后启发学员的想法或思维。例如，当你想启发学员的思想会随着关键要素的变化而变化这个知识点的时候，你可以先放一段视频,然后让学员自己领悟。例如,可以放如下画面的视频:一个主持人采访一位市民,在一次交通事故中,有100人,你能接受多少人受到伤害?这位市民说10个。但当一群人(100人)走来后,这位市民看到了自己的家人,你再问,你现在能接受多少?这位市民马上说0个。

以上是知识类内容互动常用的有效方法。当然,各位读者也可以思考其他对知识类内容有效的方法。

2. 技能类内容选择什么呈现形式比较合适呢?

技能是指掌握并能运用专门技术的能力。技能按其性质和表现特点,可分为动作技能和智力技能两种,本书主要是指动作技能。动作技能类课程训练的目的是使学员学会并掌握相应科目技能,提高其具体运用能力。

各位,思考一下,技能类内容的目的是什么?其实就是让学员掌握,并能在实际工作环境中应用。前文提到,学员有个学习特征及情景化。所以,凡是涉及技能类的内容,作为讲师,就必须结合学员的实际工作场景,设置模拟,而且要反复地模拟,在模拟中使用演练。所以,技能类的内容多使用演练,情景模拟。当然了,案例和视频也可以使用。

而且,有时视频的应用会让你的技能内容讲授得更加清晰和透彻。比如,你要教会别人叠衣服。如果只讲和图片,也许能很快让大家学会;如果这个时候你放了一段视频,那么大家就会更快领会和掌握。

技能类内容教学常用的方法有:演练教学、情景模拟教学、案例教学和SCQA,下面分别展开说明:

(1)演练教学法。技能类内容,首先要选择使用演练和示范。这里最关键的是讲师要示范出来。有些讲师怕示范,主要原因是怕出错或怕示范不到位,怎么解决呢?第一,可以提前录好视频,在课堂上播放你提前示范的视频;第二,可以提前找好学员进行示范,但这种方式仅供参考,不要常用,

智萃™-PMADE 经验萃取与敏捷课程开发操作指南

不然学员会对讲师的专业度产生怀疑;第三,敢于示范,只有经历了错误的过程才有成熟的授课表现。

在这里笔者给各位提供技能类内容演练"四步曲":

第一步:陈述,我说给你听。这一步的关键是要讲清楚,保证学员理解和接受,所以在讲的时候一定要按照步骤和程序化的思维进行,保证大家对你所讲的技能类内容能记住操作步骤或程序。

陈述是否清晰,可以按照如表7-3所示的清单进行对照,如表7-3所示。

表7-3 清单一

陈述项目检查清单	执行情况		总分	得分
对整个培训内容进行了简介,让被训练者了解到了该内容的重要性和整体情况	□有	□无	2分	
告诉学习者在课程结束后他们将获得什么,注意点特别强调	□有	□无	1分	
按照相关的标准流程步骤进行讲解	□有	□无	3分	
用提问的方式确认被训练者是否了解所讲述的内容	□有	□无	3分	
说话时面带微笑注视对方	□有	□无	1分	
陈述结束后要让学员进行复述	□有	□无	2分	

第二步:示范,我做给你看。在示范时,讲师要保持耐心,慢动作操作,让学员看清楚,可以一边讲解一边示范。有时示范一遍不行可以增加次数。

示范是否到位,可以通过表7-4进行检测。

第七章　成人学习，教学设计

表7-4　清单二

示范项目检查清单	执行情况		总分	得分
示范正确程序，一次一个步骤，并解释该动作原因	□有	□无	3分	
鼓励发问，并清楚地解说	□有	□无	2分	
边做边强调重点，常见易出错处要特别提醒，必要时重复并不断地强调重点	□有	□无	3分	
放慢速度多次示范，确保被训练者可以看到你所做的每件事	□有	□无	2分	

第三步：演练，你做给我看。演练是学员进行练习，演练的形式可以是个人，也可以是一对一，也可以小组同时进行。笔者在给学员讲课程开场"五步曲"的时候，就采取了全班各个小组同步进行的形式，每个人站在小组的前面把自己课题的课程开场"五步曲"进行呈现，然后小组选出一个讲得最好的学员，再面向全班进行呈现。

学员演练时，讲师应该积极参与，认真观察，及时记录要反馈的内容。可以参照表7-5进行检测：

表7-5　清单三

演练项目检查清单	执行情况		总分	得分
让被训练者自己亲手做，训练员在一旁提示指导	□有	□无	1分	
观察被训练者是否遵循所有的要求及流程	□有	□无	3分	
赞赏鼓励其良好的表现	□有	□无	2分	
发现错误，立即修正，必要时再次示范特定步骤	□有	□无	1分	
以提问方式强调操作重点	□有	□无	2分	
让对方持续练习，逐步减少指导，直到所有步骤、程序可正确地连贯为止	□有	□无	1分	

第四步：跟进；做好表扬，做不好反馈和改进。跟进就是反馈，这一步

很关键,作为讲师要有能力给予学员积极的反馈,同时指出需要改进的地方。实施这一步的原则是先鼓励然后提出改进,针对特别学员可以多来几次(看课堂时间和演练时间设置)。

要做好这一步,请对照表7-6。

表7-6 清单四

跟进项目检查清单	执行情况		总分	得分
提开放式的问题或要求对方重复步骤重点,以判断被训练者对工作站的程序及标准的了解程度	□有	□无	3分	
在检校培训质量时,如果有标准的考核表格工具和相关标准,要利用相关的工具和标准逐步检查,并确定所有的步骤是否百分之百地符合标准	□有	□无	2分	
程序检查完成后,以口头提出至少3个以上的相关问题,以确认对方有正确的认识	□有	□无	2分	
操作过程确认合格后,应在《员工考核记录卡》中进行相应签名	□有	□无	1分	
过程中对于被训练者的进步及成功应给予正面的肯定	□有	□无	1分	
鼓励被训练者经常阅读相关的学习资料以及学习资料获取的途径,以持续地维持标准操作	□有	□无	1分	

(2)情景模拟教学法。根据情境认知理论,当学习被镶嵌在运用该知识的社会和自然情境中时,有意义的学习才有可能发生,所获得的知识才最真实、最完整,也最有力、最有用,而且学习者参与到情境之中,还能实现思维和行动的改变。情景模拟式教学方法是基于该理论形成的,是具有广泛应用领域的实践教学方法,该方法主要是通过对事件或事物发展与环境、过程的模拟或虚拟再现,让受教育者身临其境,理解教学内容。这种能力培训方法,有助于学员激发自身潜能,树立正确的自我观念,增强有效的时间管理

能力，增进人际沟通能力，让学员在所设情景中发现问题和解决问题，从而培养学员的综合领导才能，提高实际工作能力。

情景模拟教学法的作用主要体现在以下几个方面：

1）根据特定知识学习与应用的需要，创设问题研究与工作过程情景，并体现讲师的想象力以及学员的特点与喜好，丰富有趣，针对性强，灵活性好。

2）学员作为情境主角，身临其境，实战演练，更能领悟知识的价值，记住和理解知识，并能积累感性经验，体验成功的快乐。

3）学员站在扮演角色的立场应对情境中的人、事、物及其相互关系，同时从教学活动参与者的角度协调与同学的关系和行动，有利于培养综合行为能力和领导能力。

4）讲师不再是"填鸭式"教学的灌输者，而是作为整个情景模拟的导演、教练、评论者和裁判员，学员是问题的分析者、决策者和演员，这样能极大地调动学员学习的积极性和主动性，营造热烈、活跃的课堂学习氛围。

任何一种新的教学方法引入都需要遵循一定的原则，如果完全是靠天马行空式的临场发挥，教学效果可想而知。因此，在进行情景模拟式教学的过程中，需要遵循以下原则：

第一，整体性原则。讲师需要根据所讲授专题的特点，进行有针对性的、整体的情景模拟系统设计，使之形成一个既可以提示专题所蕴含的基本理论、原理和方法的实用模拟体系，又可以在模拟过程中提高学员特定的工作能力、增加领导才能发挥的实践机会。

第二，经济性原则。情景模拟教学法的构建是以现有的教学条件为基础，在条件允许的范围内进行，只有这样才能保证教学的顺利进行。因此，在案例选择的时候，必须从实际出发，做到以最少的投入获得最好的教学效果。

第三，真实场景模拟原则。情景模拟应尽可能真实生动，模拟最好有真实场景的办公活动和案例，原汁原味地还原学员的工作，或者可以预见会发生的需要学员处理的公务活动。

第四，集体参与原则。情景模拟教学除要求学员集体参与之外，让参与的每一位学员分担不同的工作，扮演不同的角色，以加深他们对参与角色的理解和认识，同时加强互动和评价。

第五，以学员为主原则。教学过程中，除了强调集体参与之外，还要强调学员参与过程中的独立自主性，讲师在整个过程中起到观察、记录、监督、引导和评估作用，切忌越位。

第六，易于操作原则。对任何情景模拟过程的设计，易于操作都是最重要的一条，对于我们要传授的理论和观点，必须考虑到能否在现在的条件下进行模拟，能否取得预期的教学效果，是否易于评价与分析。

情景模拟具体实施步骤如下：

首先，技能点内容详细及实施注意事项讲解。讲师先用20分钟左右的时间对专题所需知识和理论做概括性介绍，提示情景模拟课程注意事项，语言要清晰简洁，并且具有鼓动性，从一开始就要调动课堂气氛。

其次，分配角色（角色提前准备好）。学员按照事先制定的小组和角色进行扮演，同时全程录像（可选项，不是必选项），留作讨论时回放。需要说明的是，在学员扮演的时候，讲师也要做好角色转换，在情景模拟课堂上，讲师是主持人，需要客观观察学员，积极思考，直面随时可能出现的意外情况，给出敏捷而合理的回应，就像主持人那样精准地捕捉节目的出彩点，并对意外情况保持警觉，从而灵活应对，从容驾驭。

最后，归纳汇总及点评。模拟演练结束之后，讲师需要对学员的表现进行综合点评。点评需要结合教案设计的关键点，改善学员的整体认知和表达技巧，更要结合学员的表现，恰如其分地帮助学员发现自身已有的可圈可点的优势并将其发扬光大，同时指出学员暴露出来的典型不足。

由于现在的学员具有较高学历水平和丰富的工作经验，因此在模拟结束后，学员之间的相互点评更具有实际意义，有助于提高教学效果，实现教学相长。点评环节不是可有可无的，而是必须要进行的。

> **小贴士**
>
> 情景模拟让学员身临其境地体验了技能的应用，但也可以使用情景模拟检测学员对所教内容掌握多少，可以应用在技能内容点试错环节，就是通过情景模拟发现学员的问题，然后针对性地解决。

（3）案例教学法。案例教学法作为理论与实践紧密结合的一种教学方法，有助于这一培养目标的实现，可用来训练讲师在教学过程中分析问题和解决问题的实际能力，并获得替代性的经验。当前，规范化、系统化的教学案例的缺乏是开展案例教学最大的局限，我们一定要在教学实践中不断提升案例教学法的能力，并在教学实践中充分应用。

通俗地讲，案例教学法是一种以案例为基础的教学法（Case - based Teaching），案例本质上是提出一种教育的两难情境，没有特定的解决方法，而讲师在教学中所扮演的是设计者和激励者的角色，同时鼓励学生积极参与讨论。讲师是一位传道授业的人，扮演着传道授业者的角色。

案例一般是对真实故事的改编，目的是为了教学服务，帮助学员还原或提前感知可能遇到的真实场景。所以，案例教学法有如下特点：

1）鼓励学员独立思考。传统的教学是事先告诉学员该怎么去做，而且其内容在实践中可能不一定实用,且非常乏味无趣,在一定程度上损害了学员的积极性和学习效果。但案例教学法却没人会告诉你应该怎么办,而是要自己去思考、去创造,使得枯燥乏味变得生动活泼,而且案例教学的稍后阶段,每位学员都要就自己和他人的方案发表见解。通过这种经验的交流,一是可取长补短、促进人际交流能力的提高,二是起到一种激励的效果。一两次技不如人还情有可原,长期落后者,必有奋发向上、超越他人的内动力,从而积极进取、刻苦学习。

2)引导学员变注重知识为注重能力。管理者都知道知识不等于能力,知识应该转化为能力。管理的本身是重实践重效益的,学员一味地通过学习书本的死知识而忽视实际能力的培养,不仅对自身的发展有着巨大的障碍,其所在的企业也不会直接受益。案例教学正是为此而生,为此而发展的。

3)重视双向交流。传统的教学方法是老师讲、学员听,听没听、听懂多少,要到最后的测试时才知道,而且学到的都是死知识。在案例教学中,学员拿到案例后,先要进行消化,然后查阅各种他认为必要的理论知识。这无形中加深了对知识的理解,而且是主动进行的。捕捉这些理论知识后,他还要经过缜密地思考,提出解决问题的方案,这一步应视为能力上的升华。同时他的答案随时要求讲师给予引导,这也促使讲师加深思考,根据不同学员的不同理解补充新的教学内容。双向的教学形式对讲师也提出了更高的要求。

案例教学法的步骤:

1)学员快速阅读案例。案例分析前就要把案例材料发给学员。让学员阅读案例材料。

2)提出案例分析问题,这里要提醒大家的是,案例的问题设置要有针对性,一般设置 2~3 个问题比较合适。案例问题一般可以这么设置:①案例中的某某的行为存在什么问题?②分析某行为问题背后的原因是什么?③如果你是案例中的某某,你如何处理这些问题?

3)小组讨论准备。培训者根据学员的年龄、学历、职位因素、工作经历等。将学员划分为由 3~6 人组成的几个小组。小组成员要多样化,这样他们在准备和讨论时,表达不同意见的机会就多些,学员对案例的理解也更深刻。各个学习小组的讨论地点应该彼此分开。小组应以他们自己有效的方式组织活动,培训者不应该干涉。

4)小组集中讨论。各个小组派出自己的代表,发表本小组对于案例的分析和处理意见。发言时间一般应该控制在 2 分钟以内,发言完毕之后,发言人要接受其他小组成员的讯问并做出解释,此时本小组的其他成员可以代替发言人回答问题。小组集中讨论的这一过程是学员发挥的过程,此时培训者充当的是组织者和主持人的角色。

5)归纳与总结。在小组和小组集中讨论完成之后,讲师应该留出一定的时间让学员自己进行思考和总结。这种总结可以是总结规律和经验,也可以是获取这种知识和经验的方式。培训者还可以让学员以书面的形式做出总结,这样,学员的体会可能更深,对案例以及案例所反映出来的各种问题会有更加深刻的认识。

小贴士

案例的编写应该作为讲师的必备技能之一,不能全部拿来主义,全部使用外部的案例。案例编写请参照第八章案例编写的技巧。

(4)SCQA 教学法。所谓的 SCQA 教学法,就是利用场景或语言刺激学员的类似经历的回忆,并和内容点建立关联;在联系这个环节,落地实施的工具是 SCQ 三个步骤,即使用场景、冲突、提问的方式刺激联系。首先是 S,由听众熟悉的情景导入,而且这个情景是有冲突的。然后通过提问,导出第二个 C,就是概念部分。

例如:我们先来个对比:

"目前我公司与广州市白云出租车公司合作推出 12580 出租车电招热线,也就是我们公司的快的通,对于广大市民来说又是一大便利。我这里展现的就是 12580 总台的调度系统,通过这个系统……

对比如下:

不知道大家有没有这样的经历?在很偏僻的地方等了很久都等不到一辆出租车,好不容易来了一辆还被别人抢走了。感觉很不方便,如果有正在追求的女生在,男士也会感觉好没有面子。那么下次再碰到这样的情况怎么办呢?

你只要拨打 12580,全市的出租车都由你来指挥,也就是我们公司与广州市白云出租车公司合作推出的快的通,对于广大市民来说又是一大便利。我这里展现的就是 12580 总台的调度系统,通过这个系统……

3. 态度类内容如何互动,就是选择什么呈现形式呢?

态度类关键要让学员有触动。在这里,笔者认为,涉及心态类或与心态类有关的内容,采取体验式的活动会起到事半功倍的效果。比如游戏、故事启发、视频刺激等。

下面重点解释游戏教学法。游戏教学重点在于启发和引导,游戏教学最常用的方式是 EAT,E 就是 Experience 体验,是开始先让学员参与体验活动,然后让学员 Acknowledge 提炼认知,最后一起和学员形成技能和理论。Theory 理论多用在心态或态度类课程中。有时也可以用在技能类课程中。

下面举例说明。比如，一开始的时候，先做一个游戏：

（1）每个人只听老师说，不要提问。

（2）将A4纸发下去。主持人说："来，每人分一张A4的白纸，从中间撕开，分为两半。所有人闭上眼睛。"

（3）拿起手中的白纸，开始第一次对折。

（4）进行第二次对折。

（5）进行第三次对折。

（6）右上角撕下来。

（7）旋转180°，撕下左上角。

（8）睁开眼睛，打开手中的白纸。

做完后，让学员发现问题，然后和大家一起探讨如何解决这些问题。并把学员提出的解决策略归纳汇总。（在此不再展开说明）

> **小贴士**
>
> 使用EAT需要注意如下内容：①游戏规则讲清楚，不清楚就示范或提问确认；②游戏的时间必须有保障，不能仓促进行；③游戏结束后有归纳和提炼。

上面讲的是与内容匹配的直接互动策略。直接互动策略在课程授课中学员感知度比较高，笔者一般把直接教学策略称为显性互动。其实，伴随着显性互动的还有隐性互动。下面和大家探讨下隐性互动。隐性互动其实就是启发与引导。在生活总处处有引导和启发。比如，中国古代有个典故：亡羊补牢的故事，就是战国时期，楚国的楚襄王即位后，重用奸臣，政治腐败，国家一天天衰亡下去。大臣庄辛看到这种情况，非常着急，劝襄王不要成天吃喝玩乐，不管国家大事。这样长此以往，楚国就要亡国了。楚襄王听了大怒，骂道："你老糊涂了吧，竟敢这样诅咒楚国。"

庄辛见楚襄王不纳忠言，只好躲到了赵国。结果庄辛到赵国才住了 5 个月，秦国果然派兵攻打楚国，攻陷了楚国的都城郢城。楚襄王惶惶如丧家之犬，逃到城阳。这时，他想到庄辛的忠告，又悔又恨，便派人把庄辛迎请回来，说："过去因为我没听你的话，所以才会弄到这种地步，现在，你看还有办法挽救吗？"庄辛看到楚襄王有悔过之心，便借机给他讲了个故事：从前，有人养了一圈羊。一天早晨，他发现少了一只羊，仔细一查，原来羊圈破了个窟窿，夜间狼钻进来，把羊叼走了一只。邻居劝他说："赶快把羊圈修一修，堵上窟窿吧！"那个人不肯接受劝告，回答说："羊已经丢了，还修羊圈干什么？"第二天早上，他发现羊又少了一只。原来，狼又从窟窿中钻进来，叼走了一只羊。他很后悔自己没有听从邻居的劝告，便赶快堵上窟窿，修好了羊圈。从此，狼再也不能钻进羊圈叼羊了。

庄辛又给楚襄王分析了当时的形势，认为楚国都城虽被攻陷，但只要振作起来，改正过去的错误，秦国是灭不了楚国的。楚襄王听了，便遵照庄辛的话去做，果真度过了危机，振兴了楚国。

那么在课程中，如何应用隐形互动呢？

笔者觉得隐形互动多隐藏在故事和段子中。

举个例子：笔者在讲《PMADE 经验萃取与敏捷课程开发》时，当讲到课程设计与开发流程时，先讲了两个段子。一个是青花瓷，笔者放了一张图片，青花瓷，笔者就问大家，贵不贵，为什么那么贵，于是展示青花瓷的生产流程。流程多，一般情况，质量就高，但产量就低，中国有句俗语：物以稀为贵。所以卖得贵。

图 7-22 青花瓷

然后，笔者又讲了一个段子：各位，请看这是什么？鸡；没错。你知道吗，前段时间我们去吃了一盘鸡，很贵。多少钱一盘呢？286 元。笔者好奇，就问这个老板，怎么那么贵呢？老板就反问笔者，先生，你知道，肯德基的鸡多久出栏的吗？笔者说 2 个月吧，他说，45 天，你知道我们这个鸡什么时候出栏的吗？200 天；而且我们不加添加剂的。

这两个事例告诉我们，好的产品往往经历时间，需要流程的打磨。那么课程设计与开发也是一样的。

图 7-23 鸡

我们回过头来看看显性的互动和隐形的互动。其实，在一堂课里，两者是共同存在的，不能只依靠显性的互动，如果单纯依靠显性的互动，这个讲师的水平一般不高，往往是刚刚出道的讲师。那么也不能只是段子，不然就成为了段子高手，只讲段子的讲师太虚无。所以，显性互动和隐形互动都要兼顾。

提到设计，我们必须要想起一个人，他就是教学设计的鼻祖——加涅。20世纪60年代，发生了认知心理学革命。随后，认知心理学发展为两个派别：建构主义和信息加工。加涅在吸收两者思想的基础上，形成了新的学习论体系，并根据"为学习设计教学"的思想，提出了新的教学理论——九大教学事件。

在所有的培训和学习活动中，学员才是真正的中心，讲师要发挥好刺激和引导作用，这个在业界早已是共识。课堂培训不是讲师一个人的魔术，而是讲师和学员一起演绎的双人舞。加涅的九大教学事件也是如此（见表7-7）。

表7-7 九大教学事件

注意	引起注意
预期	告知学习目标
提取	激发学习者回忆相关旧知识
选择性知觉	呈现刺激材料
语义编码	提供学习指导
反应	引起行为
强化	提供反馈
线索提取	测量行为表现
泛化	促进保持和迁移

做个判断题,请看图7-24,这个老师的设计符合加涅的九大教学事件的哪个环节?

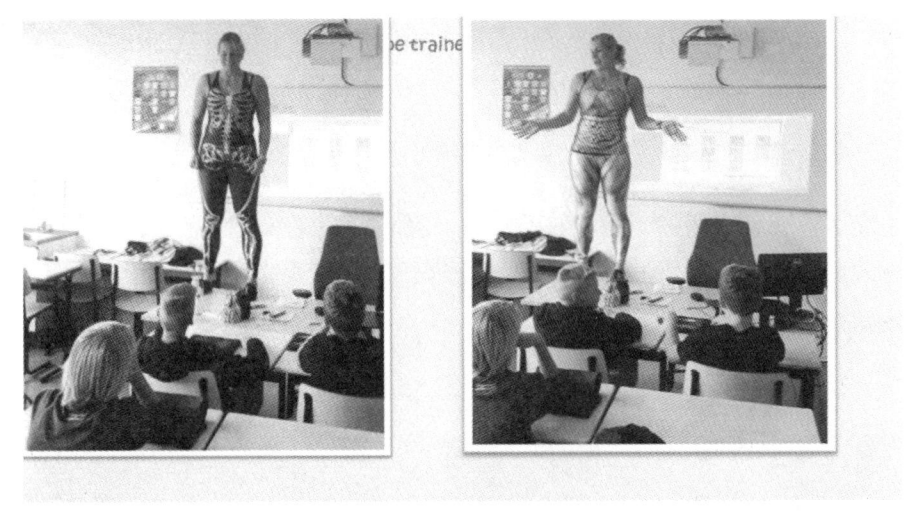

图7-24 亲身讲解

其实,从这九大教学事件中,我们就可以感知到,加涅对教学设计只是提出了概念,而没有给出具体的方法,如果我们只知道九大教学事件,其实在上课的时候,还是不知道如何应用。那么怎么样让加涅的教学事件用具体的方法落地呢?笔者先从教学设计的理解入手展开说明。

提到教学设计,笔者认为,这是个系统工程,指的是应用系统方法,探索教学环节中各要素之间及与整体的内在联系,并在设计中综合考虑学员的接受度。

那么教学设计应该具备三个特性:①相关联,各个模块都是有关联的,而不是孤立存在的。②分阶段,教学设计应该是分阶段的,至少包含三个阶段,开场设计,内容设计,结尾设计。③接受度,教学设计的形式要考虑学员的接受度。不过时，不偏激，要贴近学员的需求。比如，90后的学员喜欢活跃的课堂气氛，如果你单纯讲，就会出现问题。

所以，教学设计的特点要做到内容阶段性，以及阶段之间的关联性，甚至内容点之间的关联性，甚至P–P之间的关联性。同时，所采取的方式方法要让学员接受。接受才是王道。

其实，课堂上，除了设计互动形式外，语言的表达形式也需要设计。像相声演员一样，需要偶尔设计一个包袱，引起学员的乐趣。这个就需要讲师幽默的语言设计。幽默是改变能量场，就是气场的有力武器，有时也是化解感慨和冷场的利器。中国有句古语说得好："有之，'言以足志，文以足言。'不言，谁知其志？言之无文，行而不远，就是说言语用来表达意愿，文采用来完备语言。不说话，谁知道他的意愿？说话没有文采，就不能传播到远方……"可见语言需要文采，文采的表现标准有很多，比如优美，逻辑清晰，当然离不开语言的轻松幽默。

幽默充分体现了一个人的智慧和头脑，思想和情怀。在课堂上，幽默的老师能增加影响力和感染力，能更好掌控课堂，营造轻松的学习氛围。

提到幽默，林语堂在《论读书，论幽默》一书中提到，"最上乘的幽默，自然是表示'心灵的光辉与智慧的丰富'，幽默是一种能激发起人类心理某种情感的智慧，某种在对逻辑性进行适当调控后对现实进行某种形式的加工或者破坏。幽默或搞笑已经可以提升到哲学研究的范畴，可以毫不夸张地说，幽默就是一门哲学"。

从这里我们可以看出，幽默是情感的一部分，是可以加工和设计的，同时幽默是一门哲学，应该具有启发意义。幽默的目的是让语言生动，让课堂活跃，轻松。

所以，幽默可以培养，不是天生的。

课堂幽默也可以培养，但课堂幽默和演讲幽默有区别。课堂幽默的形式是多样的，不单是语言的幽默，还有素材的幽默，互动的幽默等，而演讲幽默有时就只是语言的幽默，体现的是语言的魅力。

从课堂学习的互动性，并以学员为中心来说，在课堂上创造幽默是贯穿整个课堂的，是依附在其他互动形式上的。比如，游戏有幽默，必须案例幽默，比如视频有幽默，比如道具有惊奇和幽默，讲述时也要幽默。可以说，课堂上的幽默都是为了更好地完成某个互动和为课程内容服务的，不能孤立存在。单纯为了幽默而幽默不是课堂幽默的重点，换句话说，课堂幽默应该是润物细无声，在潜移默化中进行的。

下面举例说明：

比如，我们都知道，课程需要开场，开场部分笔者提到有 5 个步骤，其中，一个步骤是开场问好。其实，笔者直接问好也是可以的，比如大家早上好，没有什么问题，这个很正常。但在这里如果能附上幽默的形式，也许效果更佳。所以，笔者做了改变，笔者是这么开始的。

各位，不知道大家有没有经常出差的机会，我们做培训师的经常出差，大家都称我们为空中飞人，其实就是不断地换床，我这个人换床就会做梦，（噩梦），不一定是噩梦，就是做梦，昨天晚上我就做了一个梦，梦到自己去了一个寺庙，见了一个和尚，这个和尚说，要给我开光，我就很好奇，问他，你要给我的什么开光呢，他说给我的嘴开光，各位，开过光的东西都比较怎样？对，灵验，所以，我的嘴已经开过光，所以我说的话也比较灵验，等下，我问好后，凡是回应我好，很好，非常好的，今年可以赚 100 万元；来，各位亲爱的伙伴，大家早上好；好，凡是回应我，又鼓掌的，今年可以赚 300 万元；好，非常感谢各位的支持。

再如，自我介绍的时候，单纯地说我是谁，我来自哪里，可能比较传统，但如果加上幽默的形式，效果就会不同。前文举过例子，比如，我是张连全，大家可以叫我什么，张老师，全哥，好，但千万别叫我阿全，一想到阿全，就想到我们家的狗。（大家会发笑）

有个伙伴叫杨嘉瑜，是这么介绍的：各位亲爱的伙伴，下面我做一个自我介绍，不过，大家可以猜一猜，我叫什么名字，请看这幅图，大家猜猜我叫什么名字。

图 7-25　自我介绍

提到介绍，举例如下。

如果是两天的课程，笔者一般让学员参与猜一猜，如图 7-26 所示。

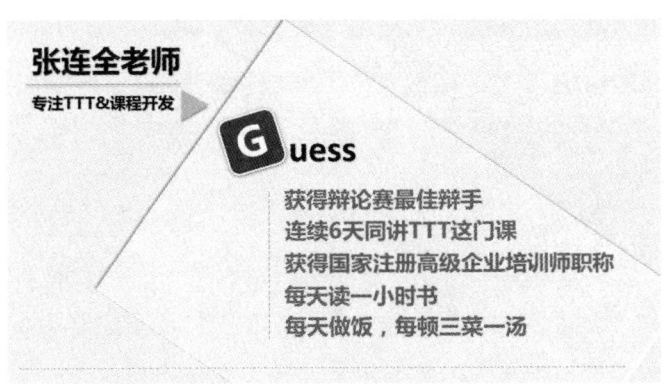

图 7-26　猜一猜

首次让大家猜：获得辩论赛最佳辩手，说明一下，是大学时代。这个真的假的,有学员说老师,这个是真的,有学员说是假的,有不同的答案,这时,我告诉大家,答案是真的,不是因为我表达好,而是我反应比较快。当时我们的辩题是什么呢?大学学员应该不应该恋爱?现在这个辩题都不辩了,改了,改成是谈一个好呢,还是两个好呢?甚至是谈同性好呢,还是异性好呢?(大家一般都会笑),当时我们是反方,对方是正方,对方说,恋爱好呀,恋爱可以陶冶情操,愉悦心情。我们说不对呀,恋爱花费金钱,又影响学习。各位,你知道吗,我刚刚说完,对方就有一个自由辩,马上站起来说,我们认为恋爱是好的,我可以举个例子,我一个表哥大学毕业后马上就结婚了,他的老婆就是她的同班同学,节省了很多恋爱的成本。当时笔者反应更快,笔者马上站起来说,请问同学,你表哥叫什么名字?当笔者说完后,对方低头想了一分钟,干什么,低头想自己的表哥叫什么名字。(学员会发笑)所以评委认为笔者反应比较快,就给我了个最佳辩手。

好,我们继续,大家第二个,连续6天讲同一门课,大部分同学认为是对的。

笔者接着说,是的,从这里可以看出,其实,我们讲师不是脑力工作者,而是体力工作者。(发笑)

笔者接着说,第三个一定真的,这个就不多说。

各位,请看下一个,每天读书一小时。

大部分学员说是假的,笔者问为什么,大家说,老师总是出差,哪有时间读书呀。笔者一般会回应,这个伙伴很实在。还有不同的答案吗?这时,有学员回答,老师,这个是假的,笔者说为什么,你怎么可能每天读书一小时,你至少每天读书2小时吧?这时,有学员听懂后就会发笑,如果有的学员不发笑,笔者就接着说,笔者最想听到这个声音,马屁拍得很响,奖励一个礼品给你。这时,全班就会发笑。

那么,每天做饭呢?大家说,哎,假的!

以上就是笔者目前在使用的介绍方式。

继续举例：在课堂上，当笔者讲完课程开场"五步曲"的时候，笔者就问大家，这五步，在真实课堂上，哪些步骤可以省略，哪些必须保留。经过大家的讨论，我们得出，开场问好，破冰，导入主题必须保留。这时，笔者接着说，笔者听过一个笑话，大概是这样的，一个德国人去法国旅游，到法国后在酒店休息。这时来了一个服务生，这个服务生看到德国人一个人很孤单，就和他聊天。两个人聊得非常开心。聊到最后，这个服务生说，我给你出个脑筋急转弯吧，德国人很开心，说好，你出吧。这个服务生说，我的父母生了一个孩子既不是我的弟弟，也不是我的哥哥，既不是我的姐姐，也不是我的妹妹，你猜他是谁？德国人很笨，没有猜出来，这个服务生很生气，你怎么那么笨呀，不就是我吗？

德国人很开心，旅游结束后就回家了。到家后，他老婆就问他：旅游怎么样呀。他回答：旅游很开心，让我最开心的是，有个服务生给我出了个脑筋急转弯，你想不想听听。他老婆也很八卦，说好呀，你出吧，这个德国人讲，我的父母生了一个孩子，既不是我的姐姐，也不是我的妹妹，既不是我的哥哥，也不是我的弟弟，你猜他是谁？

他老婆猜了很久也没有猜出来，这个德国人说，你怎么那么笨，不就是那个服务生嘛。

（笑声）

这时，我就问大家，当你学到一个技能后，面对实际情况要干什么？大家回答，灵活运用，活学活用。对。

说了那么多，课堂幽默具体如何做，下面提几点自己的想法和感受：

（1）在课程语言呈现点上加脱口秀段子。

例如：前文的梦到自己嘴被开光。

例如：讲课时，你很嗨，如果有学员说，这个老师好有激情呀，像喝多了；如果你听到了，这时，你可以这么说：刚才喝高了，但讲课好像没有讲错吧，好了，各位伙伴，我们看下一道菜是什么？

例如：提到人品，我就想到了公司一位老大哥，不爱麻烦人。工作时，午饭一般大家在一起吃。我每次都带得多，就邀请这个老大哥吃我这个，你看，大虾。老大哥很客气，哎，客气，我有，我有，吃自己的。就这么客气。有时候我们一块儿去外面吸烟，我们都是吸 20 元以上的玉溪、云烟之类的，老大哥吸的是 5 元一包的，我们就让让他，人家就说，我有，我有，不占我们的便宜。这不，今天我们坐车来的时候，刚上车，正好有座，我们就先坐下了。没过几站，上来一个大姐，抱着一个小孩，他坐外面呢，立刻站起来了，说，大姐，大姐，你坐我这里，大姐很客气地就坐下了。他呢，喜欢孩子，就夸这个小孩，哎哟，你看这个小姑娘多好看呀，长得真水灵，尤其那大眼睛。说到这，大姐不高兴了，我说你这个同志，哪都挺好的，怎么眼神不太好，我们这是小子，男孩，说着，就把小孩腿分开了，还穿着开裆裤。

例如：提到朋友圈，最近发生这样一件事，吃完饭，老公缓缓地对老婆说："女儿恋爱了。"老婆惊讶地说："什么？恋爱了？怎么会是这样？"缓了一会儿，老婆说："你是怎么知道的？"老公说："我是在女儿朋友圈看到的。你晚上回来要好好和她谈谈。"老婆生气地说："谈，谈，必须谈，凭什么屏蔽我不屏蔽你！"

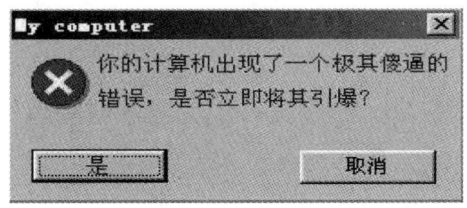

图 7-27 幽默图片

（2）使用道具和图片幽默。比如：李敖演讲的时候使用了打印稿子的道具。

（3）借助有趣的视频，营造课堂幽默轻松的气氛。比如：互动时我使用了这个视频。或者讲故事的时候，我使用了这个视频。

（4）讲段子和故事。例如：笔者在讲授《管理者激励实战技能》课程时提出一个观点，那就是作为管理者要善于赞美自己的下属，多说赞美的语言。（当时笔者讲到设个论点后，马上举了个例子）不知道大家看过三国没有，很多人回答看过。那么笔者继续问，大家喜欢三国里的哪些人物呢？有的人说喜欢吕布，有的人说喜欢貂蝉，有的人说喜欢曹操，有的人说喜欢诸葛亮。不同的人喜欢不同的人物，笔者也有喜欢的人物，笔者喜欢三个人，一个是关羽，一个是刘备，一个是诸葛亮。这三个人发生过这样一件事情：当时刘备在西凉收了一个人，这个人就是马超，关羽当时镇守在荆州，听说自己的哥哥在西凉收了马超，又听说马超武功很厉害，就写了封信给刘备，大概意思说，我要回成都和马超PK，看我们的武功谁的更强。这时，刘备没有直接回信，而是把这封信转交给了诸葛亮，让诸葛亮去处理这件事。诸葛亮思考了很久，就写了一封回信，各位思考一下，诸葛亮是如何写的。

云长兄，进来可好！主公在西凉收了一个人，这个人叫马超。马超，人中豪杰，武功了得，非常厉害，可以和张飞媲美，但是和你关云长比起来，差别还是很大的。

关羽收到这封信后，非常开心，认为，马超只能和我三弟PK，但和我这个二哥比起来差远了，就再也不提回成都的事情了。

（5）互动时，学员协助营造的幽默。在上课时，当你互动时，总会有学员积极参与，有些学员很幽默，可以帮你活跃课堂气氛。比如学员形象的回答，让全班人发笑就是一个例子。

有一次,笔者在讲《基于行动学习的问题分析与解决》课程时,当带领大家做完策略分类后,正要做每列策略提炼的时候,有个学员说,老师,这个环节让我来吧,这时,全班人都笑了,并大声说,让他来。接下来,整个课堂都是在大家的笑声中度过的。

当然了,幽默不是万能的,在使用幽默的时候,不要拼命讲笑话,要运用多种方式进行。

要做到幽默有几个建议:

(1)多看幽默的素材,比如相声、小品等。

(2)平时多留意幽默的段子,随时记录下来,思考在哪些课程内容上可以应用。

(3)尝试在课堂上讲这些段子和使用幽默的素材,检验学员的接受度,不断地调整。

三、课程结尾设计

学员的学习会涉及大脑的这个关系层面。通俗地讲,就是大脑对课程内容或学员自己的反思接受需要一个过程,这个过程的基础是记忆。成人学习行为另一个障碍就是遗忘速度快。

艾宾浩斯针对成人学习的记忆过程,提出一个遗忘曲线,如图7-28所示。

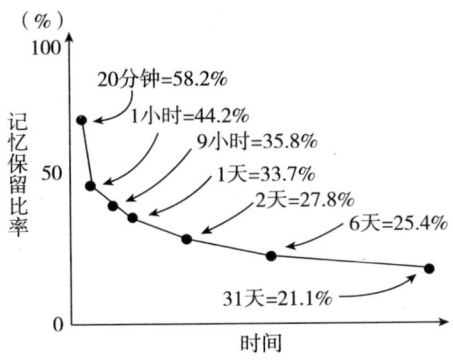

图 7-28　艾宾浩斯遗忘曲线

这个曲线告诉我们，成人学员在学习发生时遗忘速度很快，超过一定的时间，记忆就会平稳，因为该记住的已经记住了。所以，在课堂里，让学员记住很重要。笔者要告诉各位，只有学员记住了，才有可能去应用，连记住都没有发生，怎么能发生应用的行为和结果。

所以，针对这个学习的行为，笔者给出的药方是：回顾，小结，视觉。不断地回顾和小结可以让学员增强记忆，不会忘记。视觉可以刺激大脑活跃度，不至于脑死亡，不运转。

心理学里有个首因效应。我们平常听到的很多俗语，一见钟情、先发制人、先入为主、新官上任三把火，都是日常生活中这个心理学定律的应用。所谓首因效应，就是指双方交往的第一印象对以后关系的影响，也就是"先入为主"带来的效果。所以，在我们所接受过的 TTT 培训中，老师一般会花相当多的精力去讲开场，如开场"五步曲"，如何破冰啊。因为开头要吸睛嘛，要迅速地将学员的学习情绪带动起来，将思想集中起来，将导师的形象树立起来。但是，心理学还有一个近因效应。

最后的印象，往往是最强烈的，可以冲淡此前产生的各种因素，这就是近因效应。

三国时,一日孙权劝手下大将吕蒙要多看书,吕蒙是谁啊,16岁就在嗜血沙场,一听就是个武夫。吕蒙回答:平常军中事务繁多,没时间看书。孙权说:我又不是让你研究儒家经典成为学问渊博的人。只是让你泛滥书籍,了解历史。如果说事务繁多,你有我多吗?我还经常看书呢。孙权都说到这个层面了,吕蒙应该听进去了。周瑜死后,鲁肃某日到吕蒙的驻地,当时鲁肃还是轻视吕蒙的,吕蒙问鲁肃有什么好办法对付关羽。鲁肃很轻慢地说:"临时想办法就行。"吕蒙说:"现在东吴和西蜀是暂时联盟,关羽毕竟对我们有威胁,怎能不提早做好应对的打算呢?"于是就这个问题,为鲁肃想了五种应对的方法。鲁肃又佩服又感激,从饭桌上跨过去,坐在吕蒙旁边,手抚着吕蒙的背,亲切地说:"吕蒙,我不知道你的才能策略竟然到了如此的境地!"这就是士别三日,当刮目相待的来历。最后的印象、近期的印象往往是最强烈的,可以冲淡之前产生的各种因素。对于培训来讲,近因效应的发挥体现在结尾部分,最后的结尾如果结得好,不但能够锦上添花,还能够弥补课程中的缺陷,所以不但开头要吸睛,结尾更要点睛。

那么,结尾能够实现什么样的目标呢?这里有四点。①架构重塑。一门课程就像一本书,在讲完每章每节的内容后,在结尾的时候,非常有必要跳出细节,给学员展现一下整个课程的架构,用脑图、鱼骨图等方式把所培训的内容串联起来。有时候这种架构重塑的作用,无异于给课程重新进行整容。②打下烙印。有两个层面:一个是增强记忆,对课程内容进行回顾,就像考试前进行复习一样,能够增强记忆;另一个是突出重点,讲师对于其中特别重点的部分可以单独提出来,进行强化。当然,打下烙印也有另一个层面的意思,如果对结尾不够重视,匆忙或潦草为之,也会给这个课程打下一个烙印。不过是负面的烙印。③对于一些实战型的课程,结尾也是开始,在这一部分可以设计成为实战的第一个环节，就好像比赛前的热身运动，实施项目前的项目计划书。④擂响战鼓。对于一些课程，尤其是涉及意识形态层面的，比如一个大型营销活动培训结束的时候，一个关于个人管理层面的培训结束的时候，需要设计一个环节，调动起大家的积极性。这个在保险公司、直销公司的培训中应用得比较多。

关于结尾的作用，大家清楚了吧？那在结尾部分有什么可以使用的技巧呢？

笔者认为这个技巧应该包含三个步骤：①回顾要点；②呼吁行动；③表示感谢。下面分别展开说明。

（1）回顾要点，要做到逻辑梳理课程要点，但不要面面俱到。细节的回顾应该放入知识点小结环节，小结回顾的方式和结尾回顾方式类似。其实，回顾不但重复要点，有时回顾要让学员记忆深刻、有灵光一现的亮点出现是极好的。电视剧《走向共和》的片尾就是用孙中山的演讲加回顾整个革命的过程进行总结的。大家可以去看看。

在这里，我介绍几种回顾要点的具体方式：

1）旅游画廊：所谓的旅游画廊，就是分小组，小组成员把所学知识点用漫画的方式绘制出来，然后让其中一个学员充当导游，进行讲解。如图7-29所示。

2）小组竞赛，在课堂结束后，让小组直接进行PK，可以积分。比如，分为5个组，第一组向第二组提三个问题，要快速给出答案，答错一个扣10分，全答对，积分30分；然后，第二组向第四组提三个问题；第四组向第五组提三个问题；第五组向第三组提三个问题，第三组向第一组提三个问题；采取这种PK的方式，大家参与度很高。

3）案例分析，在课程快要结束时，发给大家一个案例，以小组为单位，让大家探讨如何解决案例中的问题。比如笔者在讲 TTT 开发课程结尾时，给出一个案例：有一家民营企业，从老板到员工都比较重视培训，凡是老板认为应该进行的课程，培训部门都会严格执行。有一次，老板开车从工厂大门经过时，看到一个保安衣冠不整，而且没有向他敬礼。更过分的是，老板还看到这位员工无精打采的，哈欠连连。回到办公室，老板把负责培训的经理叫到了办公室，说保安缺少基本的礼仪，而且精神面貌也不好，要求经理针对保安搞一次礼仪培训。经理接到任务后开始组织相关人员进行准备工作，并联系了一位礼仪讲师。

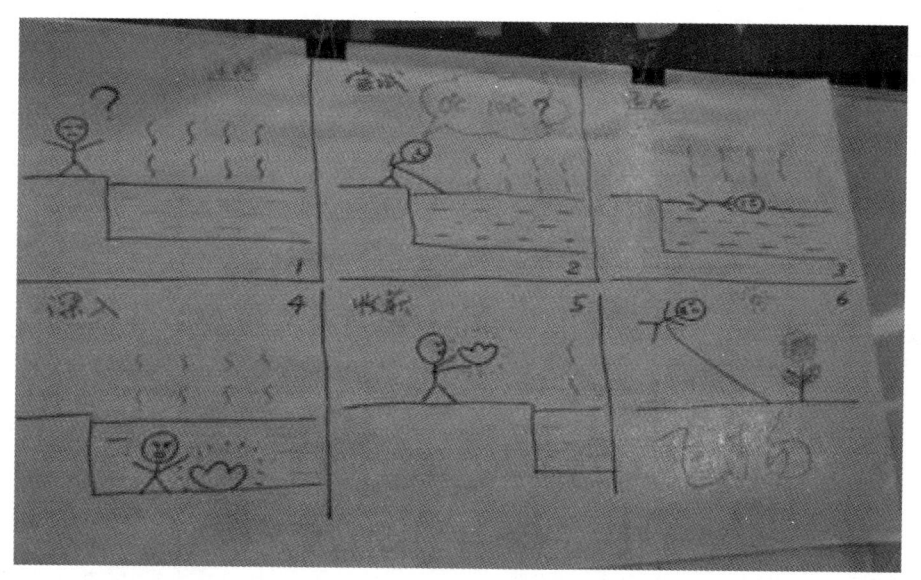

图 7-29 漫画

培训如期举行，而且做了很大的宣传，做了海报，公司上上下下，包括老板都知道要对保安进行培训了。

一个月后的某一天，老板再次经过工厂大门的时候，又看到了这位保安，严重的是，这位保安还是没有向老板敬礼，而且精神还不太好！

老板把经理叫到办公室狠狠批评了一顿，说培训没有效果，还不如不做。

经理也很纳闷，培训现场和效果都不错呀，而且，演练很多，注意事项都点到了，怎么老板还说没有效果呢？

经过调查发现，老板认为保安礼仪有问题，是因为一个保安没有看到他的车子而没有敬礼。而且，这位保安在公司举办礼仪培训的那天请假了，没有来参加培训？

那么问题出现在哪里？如何处理这类问题呢？

4）问题测试，在课程结束的时候，可以出一些测试题。但这种方式比较传统，笔者最近在使用问题测试时采用九宫格的方式（假设问题测试实施时间为2019年）。即让大家去填写所学内容的知识点数量，同时具有娱乐性。

操作步骤如下：

①提前准备如下格子测试内容，要保证与可能内容有关联，同时有趣味性。

②让学员先看1分钟，只能给1分钟，可以团队分工进行。

③把1~20的数字向格子里填充，每个数字不能重复，只能出现一次。

④根据图示进行数字填写，可以讨论，但必须在5分钟内完成。

说明：这种方式既调节了气氛，又回顾了所学的内容，是不错的形式。但可能需要些时间，所以，如果离课程结束还有几分钟的情况时尽量不要使用这种方式。

5）学员引导，可以让某个表现积极的学员带领回顾，也许能创造不同的效果。

（2）呼吁行动，就是号召大家把所学的内容应用到实践中。比如：希望各位学员回到工作岗位上应用我们教的内容，尝试试用，但一定要活学活用，不断反思总结提升。

图 7-30　九宫格

（3）表示感谢。感谢一般要照顾全面，一般要感谢学员、感谢学员企业、感谢学员企业领导。

互动方法很多，关键在于应用，而应用关键在于提前设计，不论是开场，还是内容都应该根据本章所讲的方法进行提前设计。在此建议大家每次课程课件制作完成后，一定要重新梳理下课件的讲授流程和实施方法，可以按照如表 7-8 所示的五线谱进行初步设计，有个整体思路。

表7-8 五线谱

逻辑线	章节线	刺激线	事件线（可以精细到关键知识点）	时间线
开场	封面和第一章中间位置	吸引注意，创造氛围	道具+演示、图片、视频等	—
WHY	第一章	动机管理 1. 为什么学？ 2. 学习的好处和价值	事件、案例、视频、图片等	—
WHAT	第二章	原理、概念等更新认知	视频、事件、道具、参照物、小测试等	
HOW1	第三章	刺激获取经验	示范、演练、视频、案例、情景模拟、游戏等	
HOW2	第四章	聚焦问题 技能操作时的注意事项、异常情况分析	讨论、提问、案例展示等	—
收官	结尾	记忆刺激	回顾、测试、号召行动	—

四、课程控场设计

提到课程控场，笔者想起辛弃疾的一句话：我看青山多妩媚，料青山看我应如是！就是，你如何对待学员，学员也会如何对待你。从这里可以看出，课程控场是双向的。只要你参加过培训就会有这样的体会：有的培训，大家无精打采，甚至昏昏欲睡，觉得浪费时间，学员谈起培训师也纷纷摇头，不

第七章 成人学习,教学设计

以为然;有的培训则让人精神焕发,积极参与,觉得收获颇多,学员对培训师推崇备至。

一场成功的培训和一场不好的培训相比,究竟有什么区别?笔者认为,关键在于更好的控场。

其实,控场控的是什么,笔者认为,主要是控制气氛,不是控制纪律。如果我们把课程控场的落脚点放在了气氛和进度的控制,那么,我们会发现,控场不是孤立存在的,而是贯穿整个授课环节,开场时也有控场,内容呈现时也有控场,课程结束也有控场。当然了,特殊情况的出现也需要控场。

可见,控场就是讲师在授课时聚拢学员的注意力,让学员始终处在学习的状态。

授课时的控场,讲师应该做到三个字:定、带、动。

定更多是针对开场的课堂控制技巧。在描写京剧的电影或电视剧里经常看到这样的情景:名角登场前,先不急开唱,而是先亮一嗓子,这一嗓子一般可以引来全场叫好。这时再开唱,定能赢得听众的掌声。其实,上课也是如此,在开场前,不要急于进入主题,而是先定场中间,环视大家,注视2~3秒;然后用幽默的方式问好,带动大家积极回应。开场一定要定住全场,不能着急,即便紧张,也不能显示出来。其实,培训师授课情绪最紧张的时刻就是开场的环节。

在开场环节,做到定,除了注视全场外,还要控制自己的情绪。克制紧张,自信正能量。更要学会有耐心,不能急躁。我在第一讲中就讲到,讲师的收获之一就是情商的塑造,其实,就是从自我控制开始锻炼的。

所以,课堂控制,首要的是控心。心态对了,一切都对了。心态决定行为,行为产生的结果。

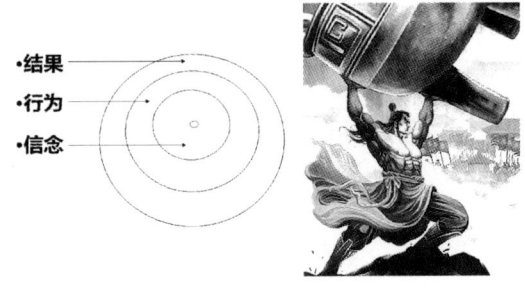

图 7-31 课堂控场技巧

公元前 310 年秦惠文王去世,武王即位。武王生而有神力,自幼身强体壮,勇武好战,喜好跟人比角力,大力士任鄙、乌获、孟贲等都因此做了大官。秦武王四年(前 307 年),武王出巡洛阳时与乌获、孟贲比赛举"雍州大鼎",结果两目出血,绝膑(折断胫骨),到了晚上,武王因流血过多,气绝而亡,时年 23 岁。

可见,在开场的时候,有什么样的心态,就会有什么样的效果!定字,就是告诉我们一定要学会自我控场,带动学员注意力。

为什么要自我控制呢,因为讲师走向讲台有情绪的变化,比如紧张,情绪激动,容易生气和发飙等。提到紧张,有的是随着时间推移而降低,但有的是越来越紧张,我们都不希望做后者,这需要调节。

作为一名讲师站在讲台上,大多数学员都认为你应该是优秀的。当别人的期望,或你自己的要求越高时,你的压力就越大(见图 7-32)。这样就产生了压力,其实压力是正常人都有的正常反应。

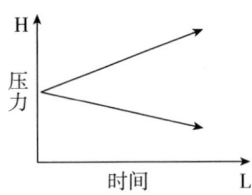

图 7-32 时间—压力

遇到压力或紧张，建议采取如下方式调节：

克服恐惧最好的方法，除了练习，还是练习。

另外，请参照 TNEF 四步法建立自信。

（1）Throat——喝口水清清喉咙，去除干涩。

（2）Nose——发言之前深吸几口气。

（3）Eye——不要急于开口，先环视听众几秒钟，寻找一个亲切的面孔。

（4）Face——表情放松而和谐。

带，就是带动。在呈现课程内容时，讲师要想办法带动学员的学习动力和参与感。其实，就是互动的控场。笔者认为，互动的控场，应该做到如下几点：

（1）互动活动本身设计要合理，有趣味，不然就不能做到带。同时考虑学员的接受度。就是与学员对象的特征相匹配。例如："90 后"的学员，互动活动素材要新，要活跃。另外，在进行互动活动时，要把规则讲清楚，同时允许学员提问。讲清楚规则后，用奖励或 PK 的方式带动学员参与进来。互动活动结束，要有总结和提炼。不能因活动而活动。

（2）如果是提问互动，要考虑提问的对象：三种人可以问，即微笑、注视、举手；四种人不问，即打招呼的、玩手机的、进出频繁的、过度害羞的。

（3）如果是学员向讲师发问，讲师一时不知道答案怎么办：鼓励—询问—调整—转移。

（4）授课中异常情况的处理：比如停电，投影问题，学员困乏，有学员一直说话等。

动，就是课程结束或小结的时候，让学员运用，动起来。比如回顾 PK 等。另外，可以让学员发表行动的计划或感言之类的。

其实，课程控场的宗旨是让学员和讲师都处在一个合适的范围，完成教学和学习任务。

在处理课堂控场的时候，讲师应该做到：

（1）机智。新中国成立后，著名学者吴组缃访问美国，有人发难问他，听闻贵国到处都在拨乱反正，凡是原来坚决反对的东西，现在都要极力推行，你们如此朝令夕改的做派，到底想干什么呢？面对如此敏感的问题，吴组缃不慌不忙地说：先给大家讲个故事吧，记得小时候，祖母让我给她挠痒痒，可是，老人家一会儿说上边一点，下边一点，一会儿说靠左一点，靠右一点。最后才舒坦地说，对喽，对喽，这才对，舒服。他说，你们看，连挠痒痒这么简单的小事，也不是一下子就能抓准的，何况一个国家的事情。所以，国家要搞创新，就需要不断地探索。

（2）幽默。不要发生冲突，鼓励和幽默的回应方式最受学员喜欢。

（3）实事求是。如果真遇到自己不知道的，就实事求是地说，我真不知道，这方面研究得不多，等等。

第八章 课程资料，完善附件

课程内容和形式都开发完毕后，需要完善课程必备的配套资料。一般一套完整的课程包包含如下资料。

一、讲师手册制作规范与方法

讲师手册，包括了每个知识点讲师培训的具体步骤，培训方法和讲评要点，是讲师理解和掌握课程的关键资料。讲师手册制作原则：①教学逻辑，说明整体、每单元、每个知识点或活动的逻辑；②活动要点，澄清教学活动每个环节的实施、讲解要点。

讲师手册的核心作用就是让领域的讲师看到这份资料就可以呈现或稍微修订就可以讲授。一般来说，讲师手册包括封面和正文，正文包含的内容要点如下（结合课程课件，每个页面的内容）：

（1）授课时长。

（2）目的。

（3）授课方式。

（4）教学流程与讲述要点。

（5）页面过渡。

举例说明。

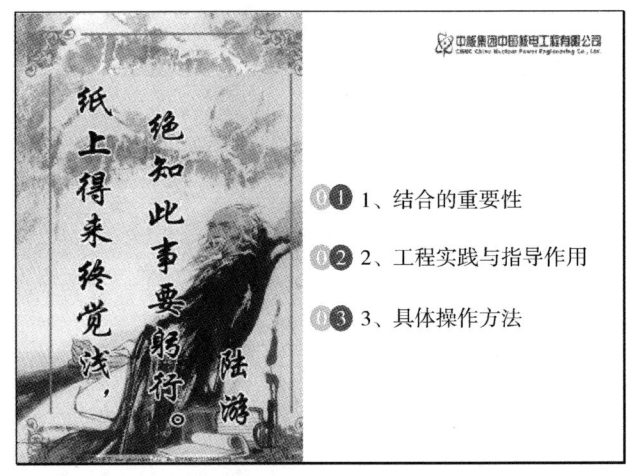

图 8-1 讲师手册

授课时长：1 分钟。

目的：了解第一章的内容。

授课方式：讲解 + 事例。

教学流程与讲述要点：强调非标设计技能与工程实践结合的重要性。

页面过渡：陆游有句诗说得好，纸上得来终觉浅，绝知此事要躬行。这就充分说明了实践的重要性。那么我们首先来讲第一章非标设计技能与工程实践结合的重要性。

那么讲师手册如何生成呢，一般有五个步骤：

第一步：点击 PPT 文件功能，选择导出。

第二步：找到创建讲义选项。

第三步：选择备注在幻灯片下方。

第四步：确定导出。

第五步：添加讲师手册封面即可。

示意图如图 8-2 所示。

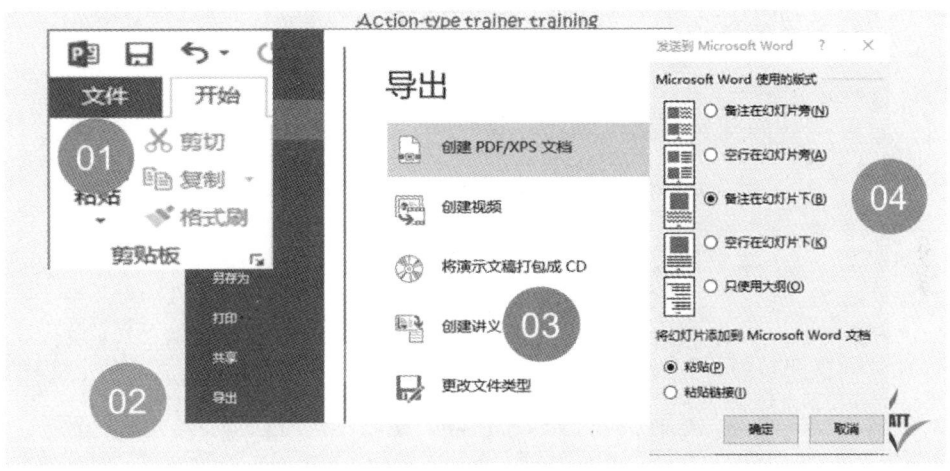

图 8-2　讲师手册制作生成步骤

二、学员手册制作规范

学员手册的主要功能是帮助学员学习时做的笔记，所以制作的基本思路是讲师手册的精简版，把讲师在课堂上需要的引子或过渡的内容删除，只保留关键内容即可。学员手册的核心内容包括：①课程目标；②课程内容；③思考收获。

学员手册制作的基本步骤：

（1）精简讲师版 PPT，保留课程骨干 PPT 页面。

（2）点击文件，选择导出。

（3）选择创建讲义，选择备注在幻灯片下。

（4）然后在导出的 PPT 页面下方加入核心内容。

（5）添加封面、前言、目录、课程安排等页面。

三、案例集编写

案例是课程教学活动的有效支撑，也是学员喜欢的教学方式。在课程中多使用真实的案例，能让学员有身临其境的体验。

案例是指对现实工作中某个事件的真实记录和客观的叙述。案例是指案例设计者撰写的叙述性的学习实践记录，它展示的是对工作实际情境中事件的描述。结合案例的概述，我们得出，在企业实践中有两种案例分类，一种是负面案例（失败的总结），一种是最佳实践的案例（成功经验的总结）。

在课程中，负面案例和最佳实践的案例都会涉及。但不论哪种类型的案例，一般都具备如下特征：

（1）真实工作中的事件。就是真实发生过的，而不是虚构的情景。

（2）编写时客观的叙述。在案例编写过程中不可以添加个人感情色彩，不能做出评价和批判。

（3）具有启发性和借鉴性。案例要有启发思考和方法借鉴的功能。

（4）具有学习功能。所谓的学习功能是指学习案例能让学员进入场景，而且有种发生在自己身上的感触，同时能给出问题反思。

一个优秀的案例包含标题、正文和问题设置。

1. 案例标题

案例标题是案例编写的方向，同时也是学习者关注和反思的焦点。课程中的案例必须支撑某个或某些内容点，不然很难作为教学形式存在。所以，可以根据课程内容选择一个方向编写案例。但给案例起名字的时候不要有指向性，应避免价值判断或内容提示，如表8-1所示。

表8-1 案例标题修正

明显指向性的案例标题	修订后
疏忽，小孩（名字小丁）命休	小丁的意外或小丁家长的烦恼
不会向上沟通，导致工作没完成	王主任的烦恼与抑郁
优质服务让会计小王成长	会计（小王）变形计

2. 正文

案例正文编写的思路，目前一般采用SAR模型进行。如表8-2所示：

表8-2 SAR

| S（Scene）场景 | 一般和工作有关，案例发生的时间、地点、人物（用一个特别的词表述：比如爱化妆，气质好）、具体发生的经过、产生的起因（起因可能是有冲突的） | 目的：引起共鸣，有同感 | 例如：顾大力是负责安检工作的安检员，机场有项规定：要求旅客在安检的时候必须抽掉皮带（若有） |

续表

A：行动 （Action）	当事人采取了哪些行动，事实客观描述，编写者一般不应写入带主观色彩的评价性语言；叙述要具体、明确，使学习者如身临其境般感受事件的进程	目的：还原场景行为和经过	例如，前天，在安检的时候，遇到一位不太配合的顾客，经历如下： 顾大力：请您把皮带抽掉，要过安检 客户：为什么要抽掉皮带，多不好意思 顾大力：这个是机场的规定，请您配合 客户：我到过很多机场，还没有见过要抽掉皮带的，你们这是什么机场呀 顾大力：不好意思，这个是规定，谢谢 客户：我就不抽，请问能不能过安检，在首都机场都没有让我抽掉皮带，你们机场太过分了 顾大力：先生，不行，你要抽掉皮带
R：结果 （Result）	总结与提炼：可借鉴的总结 反思：存在的不足与提醒	目的： 得出结论， 告知结果	例如，顾大力显得非常生气，感觉这个顾客太没有教养了，但客户又感觉挺激动的，也挺生气，这个让大家深深陷入了深思

3. 问题的设置

案例问题设计技巧：①与教学目标一致；②要问开放性问题；③具有一定的冲突性；④问题设计的同时也要考虑学员群体，设计时最好考虑好难度梯度，问题数量最好不要超过 3 个。

案例问题设计是启发阅读者或学习者的有力武器，设置得好，可以引起共鸣和学员的深度思考。但要注意三点内容：

（1）递进性（问题之间是递进关联的关系）。

（2）先回顾后反思。

（3）问题范围不宜过大。

请做个判断题：下列案例问题设置正确的是：

A. 听完这个故事，我们有什么体会？

B. 听完这个故事，我们如何感想？有什么启发？

C. 听完这个故事，人才真的难得吗？

D. 如果我是案例中的主要人物，怎样处理这些问题？

根据案例问题编写三个注意事项，答案明显选择 D。

结合表 8-2 所示的例子，案例问题设置如下：

（1）案例中顾大力存在的问题点是什么？

（2）请分享产生这个问题点的原因？

（3）如果你是顾大力，下次遇到这种情况你会如何处理？

四、测试题

测试题不是必需，是可选项。有些企业不对学员做测试，但根据柯氏四级评估中学习评估的要求，课程测试是学员学习巩固的方法之一。

课程配套的测试题一般包含如下类型：填空、单选、多选、判断、简答等。在编写测试题时，要本着知识点回顾的原则，不宜过难，要做到简单，起到总结概括的作用。

测试题范例如下：

《"三免"服务系统操作指南》课程学习测试题

员工号：____ 姓名：____ 所在部门：____ 得分：____

一、填空题（每空格8分，共40分）

1. 三免服务的目的：（   ）、（   ）、（   ）、（   ）、（   ）。

2. 三免服务的分类：（   ）、（   ）、（   ）。

3. 免填单的内容可分为：微信、（   ）、（   ）、网厅。

4. 投资界面延伸至（   ），方案免审批。

5. 报装容量大于等于（   ）或供电电源为（   ）及以上，方案正常审批。

二、选择题（每空格6分，共30分）

1. 三免服务是指免填单、方案免审批、（   ）。

   A. 免服务　　　　　B. 免记录　　　　　C. 免审图

2. 供电方案提级审批当中，需要区局审批人员审批的条件是（   ）。

   A. 大于1250kVA　　B. 大于800kVA　　C. 小于800kVA

3. 不属于三免服务的目的有（   ）。

   A. 去除标准化应用　B. 简化办电手续　　C. 缩短办电周期

4. 免责声明必须有设计单位盖章和（   ）才有效。

   A. 用户盖章　　　　B. 施工单位盖章　　C. 用检人员盖章

5. 属于免审图的内容有（   ）。

   A. 台架大于等于500kVA　B. 油变小于等于630kVA　C. 需要客户投资

公配间隔

三、问答题（每小题10分，共30分）

1. 简述三免服务的具体内容。

2. 三免服务中免审图的条件有哪些？

3. 列出供电方案提级审批中的审批角色。

答案

一、填空题

1. 创新标准化应用，简化办电手续，缩短办电周期，提高客户满意度，减轻员工工作量

2. 客户受理免填单，标准化供电方案免审批，标准化设计免审批

3. 95598、营业厅

4. 客户红线

5. 40000，双电源

二、选择题

1. C　　2. C　　3. A　　4. A　　5. B

三、问答题

1. 客户受理免填单、标准化供电方案免审批、标准化设计免审批。

2. 单台配变供电，使用组合式箱变、预装式变电站或户外台架，且组合（预装）式干式配变在800kVA及以下或油式配变容量在630kVA及以下、台

架容量在500kVA以下、不需要客户投资建设公用配电站出线间隔、非居民一户一表的标准化设计。

3. 所级提级审批人员、区级提级审批人员、客服中心审批人员。

第九章 课程说课,迭代修改

说课是目前培训中普遍采取的做法,是进行课程完善和迭代非常有用的形式。说课是在讲师课程开发的基础上,面对企业内容专家和教学专家,系统地说出自己课程教学设计及设计的设置理由和原因,然后由内容专家和教学专家进行反馈,讲师根据反馈对课程进行修订和迭代,达到提高课程开发水平的目的。

说课是课程开发的说明书,是课程内容信息传递和告知的方式。在整个课程开发与教学实施系统中,说课是开始,是"教学准备度"提升的关键一步。如图9-1所示。

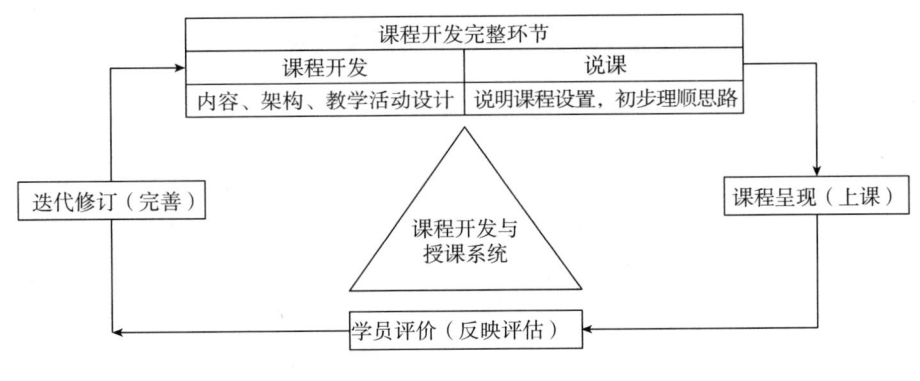

图9-1 课程开发步骤

在说课时,讲师说课程的核心内容是什么,核心内容采取什么方式授课,以及为什么这么呈现学员喜欢等。说课能集中反映出讲师的课程开发理念和授课思维,体现出讲师教学风格。

说课往往采取讲师讲述的方式进行,通过课程 PPT 做辅助,采取模拟课堂,但不是以真正讲课的形式进行。

说课的注意事项:

(1) 突出逻辑性。说课是课程开发构思的第一次展示,是课程授课前的思路检测环节,不仅要突出内容的丰富性,而且要突出内容的逻辑性,检测课程思路是否通顺,内容设置是否符合逻辑或检测内容间是否存在内在逻辑性。这是说课的重要工作。

(2) 课程教学活动设计要有理论支撑。当内容固定后,如何教是讲师要考虑的工作,但这点一定要从成人学习的特点入手,体现学员认识过程与心理活动的变化,不能想当然地只说出怎么呈现,还必须说出这么呈现对学员的帮助,最好能上升到理论高度。每个方法论背后都有底层理论的支撑,作为课程开发的讲师,更应该注重这种理论高度的探索。

(3) 目标与内容匹配的原则。每次说课都应该先说明你的教学目标,这其中包含课程对象、课程设置要达到的目标。对象和内容的匹配是课程实用的关键要素。如果你没有说出课程对象,内容专家和教学专家就可能对你的内容丰富性产生怀疑。

在说课时,要以终为始,首先要明确说课评价标准。说课评价是整个说课说动过程中的重要环节。没有评价的说课就是浪费时间。所谓的说课评价就是内容专家和教学专家依据一定的评价标准对讲师说课内容进行分析和评价。一般包含如下维度:

(1) 对课程内容熟悉的评价。这部分属于说内容的板块,包括对课程开发内容标准、架构的理解和把握,对课程内容的熟悉度,说课是否流畅也是评价的要素之一。

(2) 课程课件美化程度的反馈。课件 PPT 作为课程开发要件之一,其完整性、视觉性和呈现性是说课评价的关键内容。一般来说,课程课件 PPT 要完整,能清晰地看到条理性,同时画面排版要美观,符合 PPT 制作的基本规范,而且文字不能过多,只呈现关键信息即可。

(3) 教学活动的设计反馈。此项评价包括具体教学活动(不用完整呈现,只说采取了什么方法即可或只说教学活动要如何操作等)和采取教学活动的理由。评价者会结合自身经验帮讲师反馈教学活动设置是否合理等。

具体说课评价标准,请参照表 9-1:

表 9-1 说课评价标准

项目	得分
一、课程结构(30 分)	
1. 逻辑结构清晰,重点突出,有层次感(20 分)	
2. 章节衔接自然通顺(10 分)	
二、课程内容(35 分)	
1. 主题突出、内容完整:作品内容能够清晰、准确地表达并再现素材的精要;课件已覆盖所要表达的主要内容(15 分)	
2. 结构合理、逻辑顺畅:幻灯片之间具有层次性和连贯性;逻辑顺畅,过渡恰当;整体风格统一流畅、协调(15 分)	
3. 紧扣主题:作品的表现方式能够恰当地表现主题内容(5 分)	
三、课程 PPT 设计(35 分)	
1. PPT 课件风格统一、美观、大方;色彩搭配合理,每页最多不能超过 3 种颜色(10 分)	
2. PPT 课件排版协调,基本符合视觉审美要求(5 分)	
3. PPT 课件符合 KISS(简单化)和视觉化原则,图文并茂(5 分)	

续表

项目	得分
三、课程 PPT 设计（35 分）	
4. PPT 课件动画设置恰当，不宜过多；路径等特效运用得当，作品中可使用超链接或动作功能（但不是必选项，不使用不扣分）（5 分）	
5. PPT 图片与正文一致，并选择写实图片（不宜使用卡通、变形、像素低的图片）（5 分）	
6. PPT 课件文字统一使用微软雅黑（每页最多不超过 2 种字体）；字体型号标题 32 号；正文最低 20 号（5 分）	
总计	

说课的具体操作程序一般按照如下思路进行：

（1）说对象，介绍课程的受众。

（2）说开场，介绍开场设计的思路。

（3）说目录，介绍课程架构和整体内容设置。

（4）说 PPT，对每张 PPT 进行介绍，什么内容，为什么这么设置，内在逻辑是什么，以及采取什么方法进行授课。

（5）说结尾，结尾是怎么设计的，采取什么方式回顾和总结。

（6）抽点呈现，从课程中抽取一个小知识点（10 分钟内）进行授课呈现，完全模拟上课。

结　语

如果你已经将本书全部读完，或者大致浏览，抑或挑选了一些你最感兴趣的章节进行研读，那么希望你已经初步掌握课程开发和教学设计的基本思路，同时希望你能根据本书所列步骤和方法尝试着开发出自己的课题课程。

学习的价值在于尝试，在于应用，在于反思和提升。本书是笔者对课程开发的反思和总结，目的是提升培训师课程开发的能力和进度。希望通过本书的学习，能缩短各位读者开发课程的时长，帮助大家摆脱传统课程开发的烦恼。通过本书的学习，对各位读者如果有一点点的帮助，笔者会感到非常欣慰。

没有所谓的真理，也没有所谓的一成不变。希望大家在阅读本书的过程中能思考和质疑，也希望大家能帮助笔者完善本书，为更多的读者提供更加完美的课程开发和教学设计知识。让课程开发和教学设计变得容易，人人都能上手，人人都能做出成果是本书的初衷。当然，为了达到这个初衷，书中提供了互动性和实战性很强的工具和方法，容易学习掌握，而且可以立刻模仿使用。

一本好书，就是一位良师益友，希望本书能成为大家的良师益友，如此，欣慰之至。其实，如果您仔细阅读本书的话，不难发现，我们提倡课程开发的 PMADE 模型是基于受众对象所开展的一系列大脑开发行为，从课程课题精准，到课题优化，从经验萃取到课程 WWH 框架，从课程大纲到课程课件制作及美化，课程开发的构思和课件制作都是为学员服务的。一切为了学员，因为课程开发的目的是讲给学员听的，不是让学员看的。而且，课程开发的每个步骤都是相互作用的，课题为经验萃取提供方向，经验萃取为课程架构提供了干货，课程架构是编写课程大纲的核心内容，课程大纲可以一键生成简易的 PPT，简易的 PPT 套用固有页面后添加内容就形成了一套完整的课程资料。当然，还需要完善案例集、测试题和讲师手册。

本书所提倡的 PMADE 模型严格遵守内容和形式的关系。在课件完成后，又告诉了各位读者如何设计互动方法，开场如何设计，知识类内容如何互动，技能类内容和呈现，态度类内容如何启发比较好，同时给出了课程结尾的技巧。可见，课程开发工作本身必须有逻辑和严谨。课程开发这个工作，其实可以给讲师带来思维的改变。擅长做课程开发的职场人一般都具有人性分析思维、工具应用思维和包装思维，这些思维不但让讲师的课程发挥效果，职场中也能用到这些思维。

最后，不足之处敬请指正，不胜感激。

鸣　谢

在我写此书的时候，培训行业发生了很大的变化，特别是互联网的发展，很多培训和移动技术进行了结合，很多思维和事情发生了改变，但我始终认为万变不离其宗，培训的本质没有发生改变，那就是学以致用。实用落地始终是培训的不变目标。基于这种想法，我才有胆量提笔整理和归纳了一些经验，把它们变成学习的载体，把我的心得和体会分享给更多的朋友。投我以桃，报之以李！

首先感谢一直以来支持培训的合作伙伴，他们的支持让我在实践中不断完善课程开发模型，在实践中，迭代了思维，同时更新了很多实用的工具，真正做到让学员学完就能产出成果，而且学员能掌握一套实用的课程开发方法论。通过实践总结，本书所分享的内容对企业内训师这个群体能发挥更佳的作用。可以说，本书就是为企业内训师量身定做的。

此外，必须感谢所有听过我课程的学员，是你们的包容和支持，给了我更大的信心和勇气，让我在培训师的道路上越走越稳，越做越开心。没有你们的积极反馈，就没有本书的写作动力，没有你们的鼓励，就失去了本书出版的价值。在此感谢所有学员的支持和理解。

同时，感谢家人的理解和支持。没有你们的支持，我就没有太多的时间整理本书，也没有静心的环境归纳思路和完成书稿。

最后，感谢所有的朋友和读者，感谢大家的认同，有了你们的认同，才能让本书在市场上流通和销售。

张连全

作品登记证书

No. 00366939

登 记 号：国作登字-2017-A-00366939

作品名称：课程设计与开发：PMADE学习手册　　作品类别：文字作品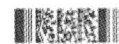

作　　者：张连全　　著作权人：张连全

创作完成时间：2014年04月13日　　首次发表时间：2015年09月17日

　　以上事项，由张连全申请，经中国版权保护中心审核，根据《作品自愿登记试行办法》规定，予以登记。

登记日期：2017年04月24日　　登记机构签章